Abecé
Visual

El Abecé Visual de

LOS INVENTOS QUE CAMBIARON EL MUNDO 1

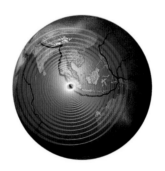

Common-Core
Quality & Substance

www.CommonCore.SantillanaUSA.com

Abecé
Visual

© de esta edición: 2013, Santillana USA Publishing
Company, Inc. 2023 NW 84th Ave, Doral FL 33122

Publicado primero por Santillana Ediciones Generales, S. L.
C/Torrelaguna, 60 - 28043 Madrid

Coordinación editorial: Área de Proyectos Especiales.
Santillana Ediciones Generales, S. L.

REDACCIÓN Y EDICIÓN
Silvana Franzetti

ILUSTRACIÓN
Manuel Lois

DISEÑO DE CUBIERTAS
Gabriela Martini y asociados

El abecé visual de los inventos que cambiaron el mundo 1
ISBN: 978-84-9907-004-9

Printed in USA by Nupress of Miami, Inc.
16 15 14 13   1 2 3 4 5 6 7 8 9

Índice

¿**Qué** es una noria?

Además de ser un invento muy antiguo, la rueda es uno de los descubrimientos más importantes en la historia de la humanidad. Las primeras ruedas fueron construidas hacia el año 3500 a. C., es decir, hace más de 5000 años, durante la época mesopotámica. Este invento es una pieza fundamental de los medios de transporte y del funcionamiento de los relojes, y ha permitido el desarrollo de máquinas como la noria, una gran rueda hidráulica con la que se extrae agua de los canales o de los ríos para regadíos.

1. La noria consiste en una rueda con palas o aspas transversales. Se encuentra semisumergida en un canal de agua o acequia.

2. En sus extremos posee unos recipientes con forma de cajón, llamados *cangilones*. Cuando la rueda gira, los cangilones se llenan de agua.

3. La corriente de agua choca contra las palas de perfil plano dispuestas a lo largo de toda la rueda y produce su movimiento giratorio.

Una máquina elemental

Una rueda es cualquier disco o bastidor de forma circular diseñado para girar sobre un eje. Puede utilizarse como pieza de rodamiento, como en los medios de transporte, o como mecanismo de transmisión de movimientos, como la rueda dentada del engranaje de los relojes.

Máquinas con ruedas

Cuando pensamos en la rueda, solemos imaginar las ruedas del automóvil. Pero en la vida cotidiana estamos rodeados de máquinas que poseen ruedas: el reloj, las hélices de los aviones, las aspas de los barcos, los ventiladores, entre muchas otras.

4. Al llegar a la parte superior, los cangilones sueltan el agua en un canal de recolección.

¿**Cómo** es la historia del juguete?

Los juguetes con que los niños se entretienen y crean situaciones y diálogos imaginarios han existido durante toda la historia de la humanidad. A través de la literatura y de los hallazgos arqueológicos nos llegan noticias acerca de que algunos juguetes, como los muñecos, la pelota o el sonajero, son comunes a todas las épocas y sociedades.

En el siglo xix, el metal fue uno de los materiales más utilizados para la fabricación de juguetes.

La cometa
Su origen se remonta a tiempos muy antiguos. Si bien no se sabe con seguridad cuál fue, se tienen noticias de que los chinos y los egipcios realizaron diseños que destacaron por su eficiencia y belleza. Actualmente, volar cometas es un pasatiempo y también un deporte de competición.

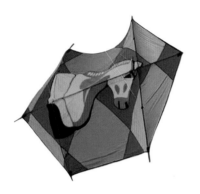

Materiales nuevos
En el siglo xx, los juguetes de goma y de plástico empezaron a sustituir a los fabricados en madera o metal.

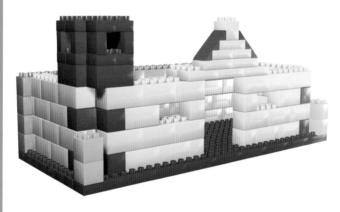

Juegos de última generación
Aunque los videojuegos existen desde la década de los cincuenta, es en los últimos años cuando han experimentado una evolución mayor, unida a los avances continuados en la informática, la telefonía y las telecomunicaciones.

Se trata de programas informáticos que han sido concebidos con una finalidad esencialmente lúdica —incluso los videojuegos educativos están diseñados para aprender divirtiéndose— y en su desarrollo deben interaccionar una o varias personas, *on-line* u *off-line,* con un aparato electrónico y entre sí.

Existen distintos tipos de videojuegos (de aventura, educativos, de rol, de estrategia, de deportes, de simulación, musicales, etc.). En la mayoría de los casos, el jugador actúa a través de un personaje que debe desenvolverse en un entorno virtual.

Pese a que algunos críticos de este tipo de juegos señalan los efectos negativos que provocan (limitación de las relaciones sociales, confusión entre mundo real y fantasía, interiorización de comportamientos violentos, etc.), es cierto que su uso estimula las habilidades mentales y la capacidad de razonamiento, y que pueden constituir, en algunos casos, una útil herramienta educativa.

En el siglo xvi, durante el Renacimiento, surgió el *bibloquet,* es decir, el boliche, también llamado *balero* en algunos países de América Latina. Este juguete tiene una base o palo de madera que termina en punta y una bola con orificio sujeta con un hilo. El juego consiste en tratar de lanzar la bola al aire y recogerla, embocando el orificio en la punta de la base.

El yo-yo (arriba) y el diábolo (derecha) tienen cierto parecido: permiten desarrollar destrezas asociadas al malabarismo. Si bien se conocían en la Antigüedad, resurgieron con éxito en Europa en el siglo xviii.

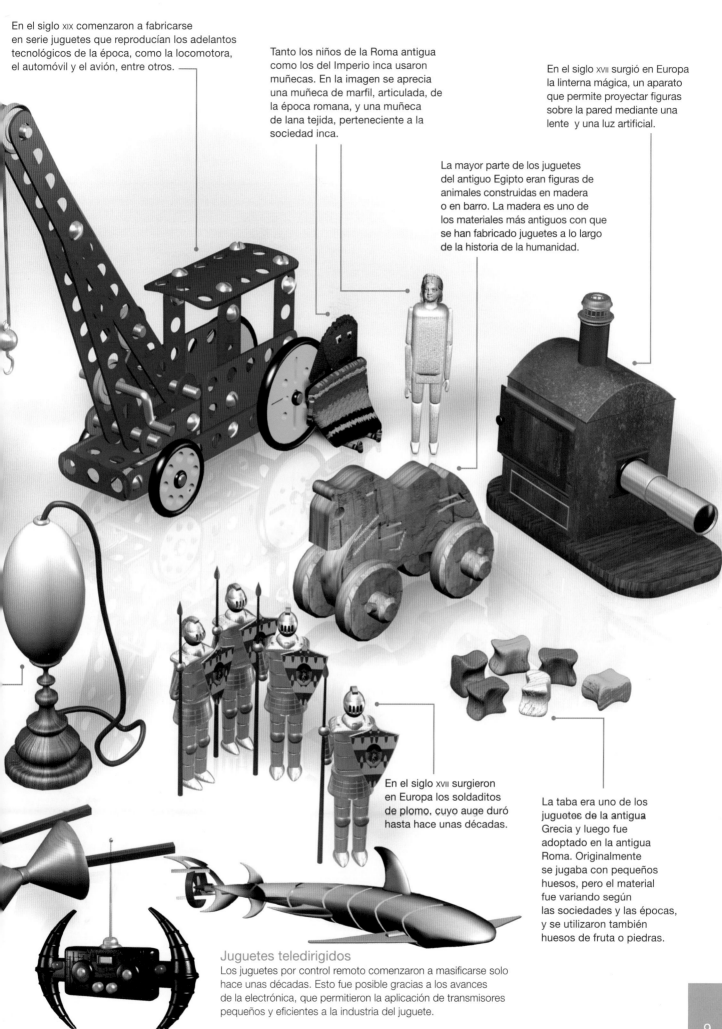

En el siglo XIX comenzaron a fabricarse en serie juguetes que reproducían los adelantos tecnológicos de la época, como la locomotora, el automóvil y el avión, entre otros.

Tanto los niños de la Roma antigua como los del Imperio inca usaron muñecas. En la imagen se aprecia una muñeca de marfil, articulada, de la época romana, y una muñeca de lana tejida, perteneciente a la sociedad inca.

En el siglo XVII surgió en Europa la linterna mágica, un aparato que permite proyectar figuras sobre la pared mediante una lente y una luz artificial.

La mayor parte de los juguetes del antiguo Egipto eran figuras de animales construidas en madera o en barro. La madera es uno de los materiales más antiguos con que se han fabricado juguetes a lo largo de la historia de la humanidad.

En el siglo XVII surgieron en Europa los soldaditos de plomo, cuyo auge duró hasta hace unas décadas.

La taba era uno de los juguetes de la antigua Grecia y luego fue adoptado en la antigua Roma. Originalmente se jugaba con pequeños huesos, pero el material fue variando según las sociedades y las épocas, y se utilizaron también huesos de fruta o piedras.

Juguetes teledirigidos

Los juguetes por control remoto comenzaron a masificarse solo hace unas décadas. Esto fue posible gracias a los avances de la electrónica, que permitieron la aplicación de transmisores pequeños y eficientes a la industria del juguete.

¿**Cuáles** fueron las primeras herramientas?

Cuando el ser humano creó las primeras herramientas, marcó un hito en la historia de la humanidad, ya que con ellas ampliaba su capacidad de trabajo. Así, desde las primeras que surgieron durante los períodos Paleolítico y Neolítico, como la piedra bifaz, el arpón, el hacha y la hoz, se produjeron muchísimos cambios hasta llegar a las que usamos en la actualidad.

El Paleolítico y el Neolítico

El Paleolítico es el período de la prehistoria correspondiente a la primera parte de la edad de piedra, que se extendió desde que aparecieron los primeros seres humanos hasta hace unos 10 000 años. El período Neolítico corresponde a la segunda parte de la edad de piedra, y se extendió desde 8000 a. C. hasta 3000 a. C. aproximadamente.

En el período Paleolítico se comenzó a utilizar una piedra incrustada a un mango de madera. Así surgió el mazo, que miles de años después derivó en el martillo.

La azagaya era una lanza que se proyectaba con la mano, longitudinalmente. Fue utilizada durante el Paleolítico y podía ser de hueso o de cuernos de animales.

El arpón del período Paleolítico consistía en una pieza de madera con dientes en sus bordes.

Durante el Paleolítico el punzón fue una de las herramientas utilizadas para fabricar, a su vez, otras herramientas. Servía para hacer puntas de lanza y de flecha.

Una de las primeras herramientas de la historia de la humanidad fue la piedra bifaz achelense, también llamada *hacha de mano,* que cumplía una función cortante.

En las pinturas rupestres puede observarse el dibujo de unas rayas que, según los arqueólogos, probablemente representen una herramienta utilizada hace millones de años como trampa para cazar animales.

La aguja de hueso, que servía para confeccionar vestidos, y el hacha de mano fueron las primeras herramientas que datan del período Paleolítico.

¿Qué es una herramienta?

Una herramienta es un instrumento que amplía la capacidad de trabajo manual del ser humano. Nos permite aprovechar la fuerza ejercida de una manera útil.

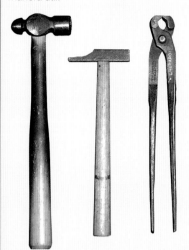

¿Qué es una máquina?

Las máquinas son objetos formados por varias piezas conectadas que pueden funcionar tanto por la acción del ser humano como con diferentes tipos de energía: eléctrica, química, mecánica, etc. Al utilizarlas ahorramos tiempo y esfuerzo.

¿Qué es un instrumento?

Los instrumentos son objetos formados por una pieza, o varias combinadas, con los que pueden realizarse diferentes operaciones, entre ellas, la medición.

Durante el Neolítico se desarrolló la actividad textil. Para teñir el hilo y la lana, se trituraban colorantes de origen natural.

Para triturar el trigo o la cebada, las sociedades del Neolítico utilizaron el molino de mano. Este molino estaba compuesto por dos piezas de piedra entre las que se colocaba el grano, que se trituraba ejerciendo presión manual.

El hacha fue una de las herramientas utilizadas en la agricultura, actividad que caracterizó al Neolítico.

Durante el Neolítico se cultivaba trigo, cebada, lentejas, arroz y habas. Para segar se usaba una hoz de piedra.

¿De **quiénes** heredamos el alfabeto?

El alfabeto fue inventado por los fenicios hace unos 3000 años, después de que los sumerios desarrollaran la escritura. El alfabeto fenicio nos ha llegado, con variaciones, a través de los griegos. Y aunque los griegos no introdujeron cambios importantes en comparación con los fenicios, constituyen un eslabón clave, porque fueron los intermediarios entre los creadores de la escritura y nosotros.

Con la invención del alfabeto, los fenicios dejaron de representar cosas (símbolos) y representaron sonidos silábicos (signos). Son muchísimos los sonidos silábicos de una lengua, pero los fenicios descubrieron que todas las sílabas se componen de un conjunto acotado de sonidos elementales.

El nacimiento de la escritura

Se estima que la escritura nació hace más de 5000 años, es decir, unos 2000 años antes de la invención del alfabeto, a partir de la necesidad que tenía el pueblo sumerio de registrar y llevar el control de las cosechas y de los ganados que debían tributar a sus reyes-sacerdotes. Este sistema de escritura constaba de pictogramas, es decir, dibujos que representan cosas. La limitación de este sistema consistía en que se podían representar objetos concretos, pero no servía para representar abstracciones y acciones.

Escritura egipcia

La escritura que desarrollaron los antiguos egipcios, hacia el año 4000 a. C., todavía se basaba en un sistema jeroglífico, es decir, que no representaba palabras, sino figuras o símbolos.

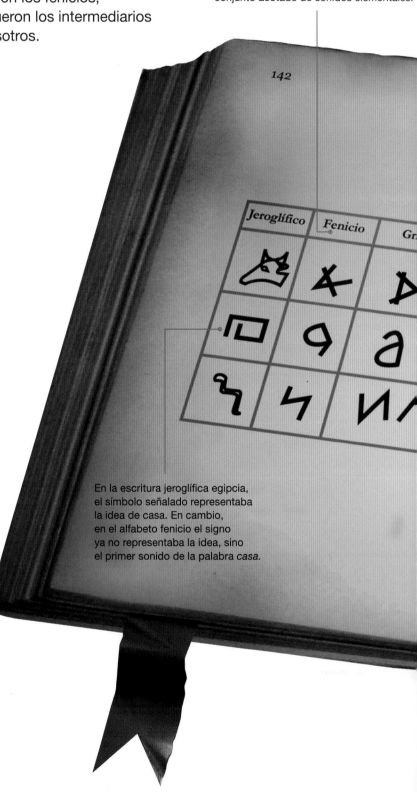

Jeroglífico	Fenicio	Gr...

En la escritura jeroglífica egipcia, el símbolo señalado representaba la idea de casa. En cambio, en el alfabeto fenicio el signo ya no representaba la idea, sino el primer sonido de la palabra *casa*.

Símbolo y signo

Un símbolo es una imagen visual o una figura con la que se representa una idea o una cosa, como, por ejemplo, la imagen de un árbol en una moneda. En cambio, un signo, como la palabra *árbol*, no representa en sí cosas ni ideas, sino los sonidos de la palabra.

árbol

Los caracteres chinos

Actualmente solo algunas lenguas, como el chino y el japonés, utilizan un sistema de escritura que no se compone de signos. La escritura china, por ejemplo, consta de caracteres, que son símbolos que se refieren a un significado monosilábico. Entre los caracteres, se distinguen los ideogramas, que son imágenes visuales de cosas o de ideas, y los caracteres fonéticos.

Los fenicios

Los fenicios fueron una civilización antigua de origen semita que vivió en las costas del Mediterráneo hace más de 4000 años. Puesto que se establecieron en las costas abiertas, se convirtieron en uno de los primeros pueblos navegantes de la historia. La navegación, a su vez, les permitió establecer intensas relaciones comerciales con otras regiones, como Creta y Egipto.

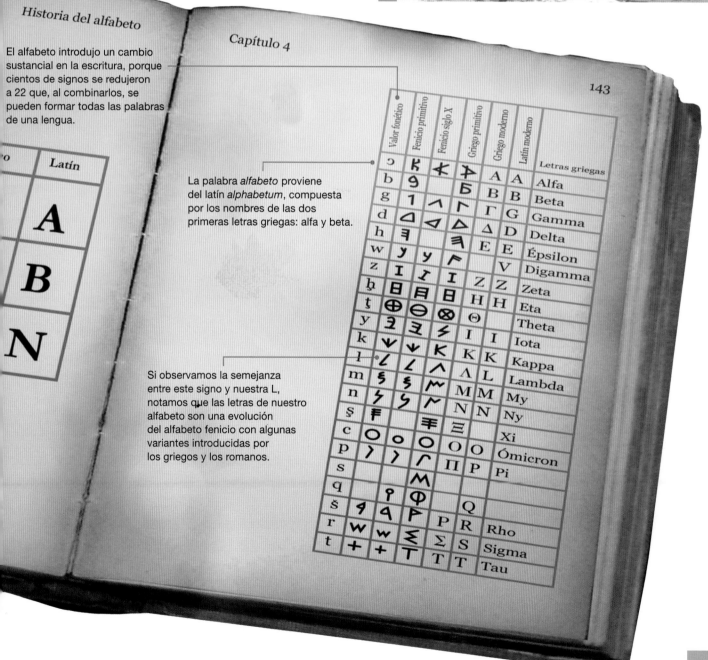

Historia del alfabeto

El alfabeto introdujo un cambio sustancial en la escritura, porque cientos de signos se redujeron a 22 que, al combinarlos, se pueden formar todas las palabras de una lengua.

Capítulo 4

La palabra *alfabeto* proviene del latín *alphabetum*, compuesta por los nombres de las dos primeras letras griegas: alfa y beta.

Si observamos la semejanza entre este signo y nuestra L, notamos que las letras de nuestro alfabeto son una evolución del alfabeto fenicio con algunas variantes introducidas por los griegos y los romanos.

143

Latín	Valor fonético	Fenicio primitivo	Fenicio siglo X	Griego primitivo	Griego moderno	Latín moderno	Letras griegas
A	ɔ			A	A	A	Alfa
B	b				B	B	Beta
N	g				B	B	Gamma
	d				Γ	G	Gamma
	h				Δ	D	Delta
	w				E	E	Épsilon
	z					V	Digamma
	ḥ				Z	Z	Zeta
	ṭ				H	H	Eta
	y				Θ		Theta
	k				I	I	Iota
	l				K	K	Kappa
	m				Λ	L	Lambda
	n				M	M	My
	ṣ				N	N	Ny
	c				Ξ		Xi
	p				O	O	Ómicron
	s				Π	P	Pi
	q						
	š					Q	
	r				P	R	Rho
	t				Σ	S	Sigma
					T	T	Tau

¿**Cuál** fue uno de los primeros instrumentos de cálculo?

El ábaco es uno de los instrumentos de cálculo más antiguos. Permite resolver rápidamente distintas operaciones: la suma, la resta, la multiplicación, la división, la raíz cuadrada y la raíz cúbica. Aunque probablemente los chinos disponían de instrumentos semejantes desde tiempos muy remotos, según hallazgos arqueológicos los primeros ábacos surgieron entre el 300 a. C. y el 500 d. C., es decir, hace más de 2500 años.

Uno de los ábacos más antiguos es el romano, formado por un tablero de piedra caliza con ranuras paralelas por donde se deslizaban piedrecitas, llamadas *calculi*, plural de la palabra latina *calculus*, que significa «cálculo».

Máquina de Pascal o pascalina
Esta fue la primera máquina mecánica de calcular, inventada por el matemático Blaise Pascal en 1642. Podía sumar y restar, y se utilizaba para resolver problemas de aritmética comercial. Sus principios de funcionamiento sirvieron de base para las máquinas de calcular que se desarrollaron posteriormente.

Calculadora de Leibniz
En 1694 el filósofo y matemático alemán Gottfried Leibniz inventó una máquina de calcular que podía realizar las cuatro operaciones aritméticas básicas: la suma, la resta, la multiplicación y la división.

El ábaco en la actualidad
Solo en algunos países, como China y Japón, se sigue utilizando el ábaco como instrumento cotidiano de cálculo. En otros países del mundo, el ábaco se emplea como herramienta de enseñanza.

Nepohualtzintzin, el ábaco maya, data de la época precolombina. El sistema de numeración de la sociedad maya era vigesimal, es decir, que se basaba en el número 20.

Máquinas de calcular científicas

A principios del siglo XX todavía no existían máquinas para realizar cálculos científicos. Tras varias décadas de estudio en universidades y centros de investigación, por fin se obtuvo algún prototipo. Así surgieron, a partir de 1960, diversas versiones hasta llegar a las calculadoras electrónicas científicas actuales, que permitieron ver hasta diez dígitos en la pantalla y con las que es posible resolver ecuaciones, calcular funciones trigonométricas y estadísticas, entre muchas otras operaciones.

Máquina de sumar y restar con impresión

A finales del siglo XIX, William S. Burroughs patentó en Estados Unidos la primera máquina de calcular que contaba con un teclado y un dispositivo para imprimir los resultados obtenidos. Aunque todavía faltaban unas décadas para llegar al desarrollo de máquinas más eficaces, este modelo tuvo un gran éxito comercial.

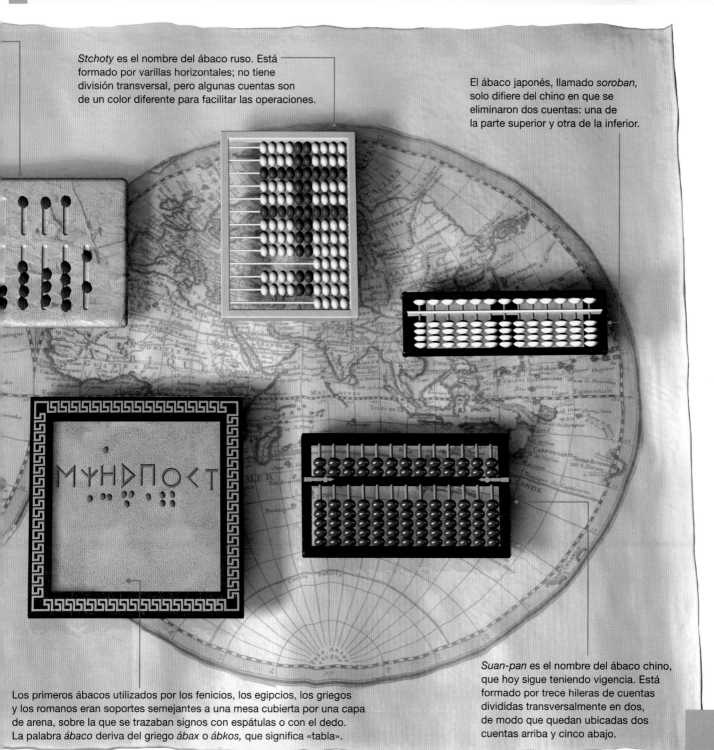

Stchoty es el nombre del ábaco ruso. Está formado por varillas horizontales; no tiene división transversal, pero algunas cuentas son de un color diferente para facilitar las operaciones.

El ábaco japonés, llamado soroban, solo difiere del chino en que se eliminaron dos cuentas: una de la parte superior y otra de la inferior.

Los primeros ábacos utilizados por los fenicios, los egipcios, los griegos y los romanos eran soportes semejantes a una mesa cubierta por una capa de arena, sobre la que se trazaban signos con espátulas o con el dedo. La palabra ábaco deriva del griego ábax o ábkos, que significa «tabla».

Suan-pan es el nombre del ábaco chino, que hoy sigue teniendo vigencia. Está formado por trece hileras de cuentas divididas transversalmente en dos, de modo que quedan ubicadas dos cuentas arriba y cinco abajo.

¿Para **qué** se crearon las monedas?

L a moneda no es un invento casual, sino el resultado del intercambio de productos entre los seres humanos. En un principio, las personas intercambiaban productos mediante el trueque, pero esta operación provocaba problemas porque los objetos intercambiados no siempre tenían el mismo valor. Con el tiempo, se introdujo en el intercambio un tercer elemento: la moneda hecha de metal, que sirvió de unidad de referencia del valor de los productos.

En el siglo VII a. C., los pueblos de Asia Menor utilizaron por primera vez la moneda de metal acuñada. Esta moneda, llamada *electrón,* era de oro y plata, parecida a una almendra y del tamaño de una pepita.

El surgimiento del papel moneda

En Europa, la emisión del papel moneda coincide con el surgimiento de los bancos, en el siglo XV. Pero el uso moderno del papel moneda o billete aparece a comienzos del siglo XIX, cuando deja de utilizarse el patrón oro.

Los primeros bancos

Los bancos surgieron en la Edad Media, y los primeros banqueros eran orfebres que custodiaban metales de valor, como el oro, que le entregaban sus clientes. A cambio de la entrega de esos metales, el orfebre le daba a su cliente un certificado. Cuando el cliente deseaba comprar algo, entregaba el certificado como forma de pago al comerciante. Luego, el comerciante llevaba el recibo al orfebre, y este le daba el oro.

A diferencia de los primeros bancos, que ponían en circulación sus propios billetes, hoy día tanto la emisión de los billetes como su puesta en circulación son realizadas por el Banco Central del Estado de cada país.

Antes del dinero

Antes de que se pusieran en circulación las primeras monedas de metales preciosos, se utilizaron diversos objetos que cumplían la función del dinero y que se consideraban de valor, como arpones, collares de conchas y trigo.

¿De dónde viene la palabra *salario*?

En la antigua Roma, la sal era un producto tan valioso que llevó a la construcción de un camino, llamado Vía Salaria, para unir el salitre de Ostia con la ciudad de Roma. Los soldados romanos que cuidaban esta ruta recibían parte de su pago en sal. De allí que la remuneración obtenida por un trabajo recibe el nombre de salario, del latín *salarium,* que significa «de sal».

Las primeras monedas chinas fueron emitidas en el siglo VII a. C. Puesto que su diseño, con una perforación en el centro, sigue acuñándose actualmente, se las considera las monedas en curso más antiguas.

El tetradracma, que data del siglo VI a. C., era la moneda de la antigua Grecia. La imagen de la lechuza formaba parte del reverso de la moneda de plata.

Desde el siglo III a. C. los romanos acuñaron monedas de plata llamadas *denarios,* que en latín significa «dinero». Esta moneda circulaba durante la República de la antigua Roma.

Para demostrar que las monedas eran legales, generalmente los gobernantes ordenaban que su efigie apareciera en una de las caras.

En el siglo VII d. C., los árabes produjeron un cambio profundo en la temática de sus monedas: reemplazaron las imágenes figurativas por leyendas relacionadas con Alá y Mahoma.

Las primeras monedas

Las primeras monedas, como el electrón, estaban hechas de una mezcla natural de oro y plata. Con el tiempo, empezaron a fabricarse monedas de oro puro y plata pura. Estos metales eran muy utilizados porque prácticamente no se oxidan y tampoco se deterioran con facilidad. En la actualidad, las monedas suelen ser de cobre, níquel o cualquier metal liviano de muy poco valor, porque representan una pequeña cantidad de dinero.

¿**Cuál** es el origen del chocolate?

Hace unos 2500 años, en la época precolombina, los mayas cultivaban el cacao y con las semillas de sus frutos preparaban una bebida llamada *chocola'k,* que en maya significa «beber chocolate juntos». La receta de esta bebida fue transmitida a los aztecas y, en el siglo XVI, durante la conquista de México, los españoles la conocieron y la introdujeron en Europa.

La bebida hecha a base de chocolate, típica de México en época precolombina, se preparaba con semillas de cacao molido, miel, especias y harina de maíz.

El cacao
Originario de América Central, el árbol del cacao crece en forma silvestre desde México hasta Brasil y se cultiva en zonas tropicales. Las semillas del fruto del árbol del cacao se trituran, y con ese polvo se elabora el chocolate.

Las fuentes históricas refieren que al principio para los conquistadores españoles la bebida de chocolate no era muy agradable pero que, poco a poco, se fue agregando azúcar a la mezcla y así el consumo se generalizó.

La producción artesanal de chocolate
En su origen, la fabricación del chocolate se realizaba manualmente. El procedimiento principal consistía en hacer rodar un recipiente cilíndrico de madera sobre una piedra caldeada. Más tarde se utilizaron molinos a tracción animal. Los molinos modernos que se usan en la actualidad logran una masa más fina y homogénea.

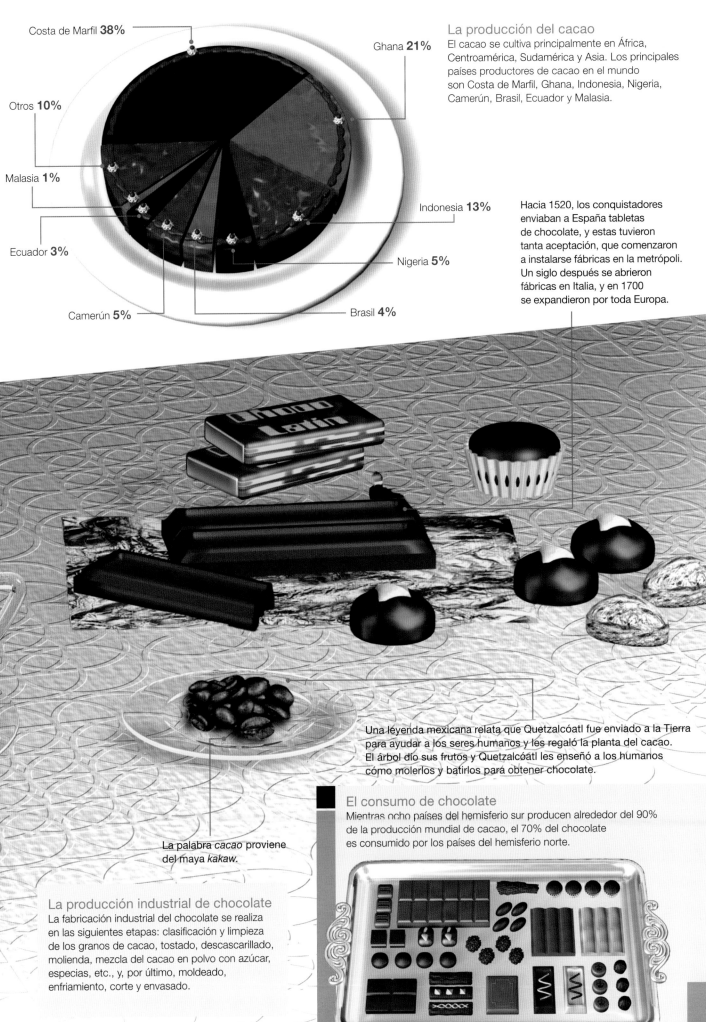

Costa de Marfil **38%**

Ghana **21%**

Otros **10%**

Malasia **1%**

Indonesia **13%**

Ecuador **3%**

Nigeria **5%**

Camerún **5%**

Brasil **4%**

La producción del cacao

El cacao se cultiva principalmente en África, Centroamérica, Sudamérica y Asia. Los principales países productores de cacao en el mundo son Costa de Marfil, Ghana, Indonesia, Nigeria, Camerún, Brasil, Ecuador y Malasia.

Hacia 1520, los conquistadores enviaban a España tabletas de chocolate, y estas tuvieron tanta aceptación, que comenzaron a instalarse fábricas en la metrópoli. Un siglo después se abrieron fábricas en Italia, y en 1700 se expandieron por toda Europa.

Una leyenda mexicana relata que Quetzalcóatl fue enviado a la Tierra para ayudar a los seres humanos y les regaló la planta del cacao. El árbol dio sus frutos y Quetzalcóatl les enseñó a los humanos cómo molerlos y batirlos para obtener chocolate.

La palabra *cacao* proviene del maya *kakaw*.

El consumo de chocolate

Mientras ocho países del hemisferio sur producen alrededor del 90% de la producción mundial de cacao, el 70% del chocolate es consumido por los países del hemisferio norte.

La producción industrial de chocolate

La fabricación industrial del chocolate se realiza en las siguientes etapas: clasificación y limpieza de los granos de cacao, tostado, descascarillado, molienda, mezcla del cacao en polvo con azúcar, especias, etc., y, por último, moldeado, enfriamiento, corte y envasado.

¿**Cuál** fue una de las primeras máquinas simples?

Desde tiempos remotos, el ser humano logró obtener una fuerza mayor a la suya utilizando máquinas. La palanca es una de las primeras máquinas simples. Es una máquina porque modifica la fuerza y es simple porque está formada por solo dos elementos: un material rígido y un punto de apoyo.

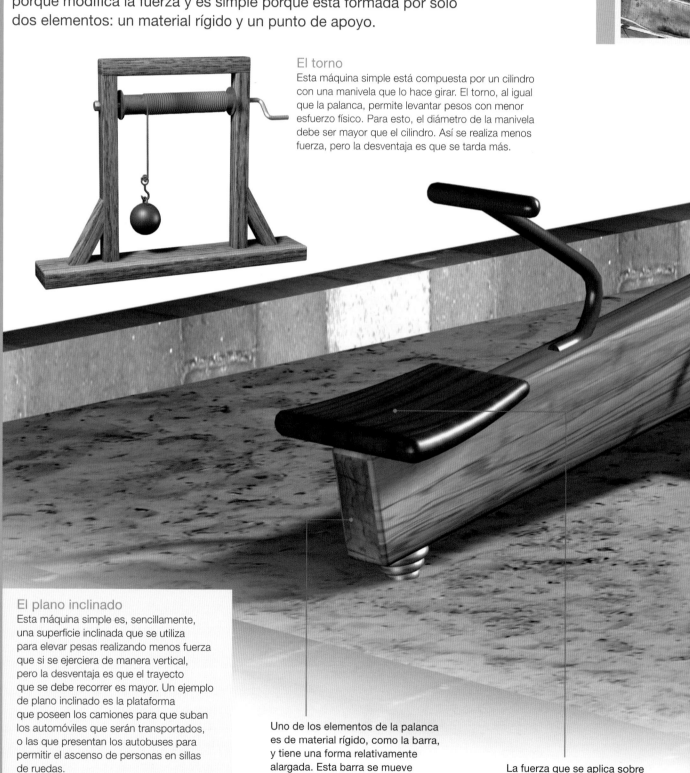

El torno

Esta máquina simple está compuesta por un cilindro con una manivela que lo hace girar. El torno, al igual que la palanca, permite levantar pesos con menor esfuerzo físico. Para esto, el diámetro de la manivela debe ser mayor que el cilindro. Así se realiza menos fuerza, pero la desventaja es que se tarda más.

El plano inclinado

Esta máquina simple es, sencillamente, una superficie inclinada que se utiliza para elevar pesas realizando menos fuerza que si se ejerciera de manera vertical, pero la desventaja es que el trayecto que se debe recorrer es mayor. Un ejemplo de plano inclinado es la plataforma que poseen los camiones para que suban los automóviles que serán transportados, o las que presentan los autobuses para permitir el ascenso de personas en sillas de ruedas.

Uno de los elementos de la palanca es de material rígido, como la barra, y tiene una forma relativamente alargada. Esta barra se mueve en torno al punto de apoyo.

La fuerza que se aplica sobre la barra se denomina *potencia*.

La polea fija

Este tipo de polea es una máquina constituida por una rueda con una hendidura en la llanta, por donde se introduce una cuerda. Esta máquina simple sirve para elevar cargas con comodidad, puesto que permite levantar un objeto aprovechando el peso de la propia persona.

La fuerza que se debe vencer se denomina *resistencia.*

El otro elemento de la palanca es el punto de apoyo, y puede estar situado en cualquier punto de la barra, justo en el centro o hacia uno de sus extremos.

Las distancias que van desde el punto de apoyo hasta las direcciones de la potencia y de la resistencia se denominan *brazos de la palanca.*

Según la posición relativa de la fuerza, de la resistencia y del punto de apoyo, existen tres tipos de palancas: las de primer grado, las de segundo grado y las de tercer grado.

Palancas de primer grado

El sube y baja, al igual que la tijera y la balanza, es una palanca de primer grado, porque su punto de apoyo está situado justo entre la potencia y la resistencia. En este tipo de palancas, si las distancias al punto de apoyo son iguales, se debe ejercer fuerza para mantener en equilibrio el cuerpo, pero la ventaja es que resulta más fácil hacer fuerza hacia abajo. La potencia, en estas palancas, puede ser mayor, menor o igual que la resistencia, según las dimensiones de los brazos.

Palancas de segundo grado

La carretilla, así como los remos y el cascanueces, es una palanca de segundo grado, porque la resistencia se encuentra entre el punto de apoyo y la fuerza. En este tipo de palanca, aplicando poca fuerza de potencia se vence una gran fuerza de resistencia, pero la desventaja es que se debe recorrer un trayecto mayor.

Potencia

Punto de apoyo

Resistencia

Palancas de tercer grado

La pinza, como el antebrazo del cuerpo humano, es una palanca de tercer grado, porque la potencia se encuentra entre el punto de apoyo y la resistencia. En las palancas de tercer grado la fuerza de potencia siempre es mayor que la fuerza de resistencia; no obstante, la ventaja es que se consigue realizar la acción más rápidamente y se mejora la precisión.

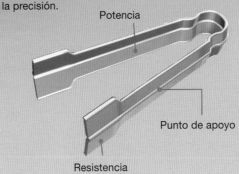

Potencia

Punto de apoyo

Resistencia

¿**Cuál** es la herramienta agrícola más antigua?

El arado, herramienta que se emplea en la agricultura para labrar la tierra antes de sembrar, surgió hacia el año 3200 a. C., en China. Sin embargo, solo existen referencias certeras de esta herramienta desde el siglo I a. C. En aquella época, el arado constaba de dos piezas de madera que formaban un ángulo agudo y estaban forradas de hierro. De cada lado del ángulo salían dos pasadores que actuaban de vertedera, para levantar y desmenuzar la tierra.

Los arados modernos se acoplan a un tractor. Según la forma de enganche de este, los arados pueden ser remolcados, semicolgados o suspendidos. Muchos de los actuales poseen suspensión hidráulica, es decir, un sistema que conecta las ruedas delanteras y traseras mediante tubos con un líquido que produce mayor elasticidad a la amortiguación.

Según la extensión de la tierra que se deba trabajar, los arados pueden ser monosurcos, bisurcos, trisurcos o polisurcos. Todas sus piezas son de metal.

Para poder sembrar la tierra, primero es necesario abrir surcos. El arado moderno permite hacerlo, en poco tiempo, en terrenos muy extensos. Con el arado se realizan dos cortes en la tierra: uno en sentido vertical y otro horizontal.

El poeta Virgilio y el arado

Las primeras noticias escritas acerca de la existencia del arado aparecen en algunos versos que escribió el poeta romano Virgilio en el siglo I a. C. El siguiente es un fragmento de la *Bucólica IV:*

Luego, cuando alcances la edad madura, el pasajero abandonará el mar y la nave ya no comerciará: todo campo producirá todo fruto. La tierra no sufrirá el arado ni será podada la vid.

El arado en la Antigüedad

Los primeros arados eran de madera, movidos por una persona.

El arado de tracción animal

Con el tiempo, el arado se fue modificando y pasó a ser tirado por bueyes u otros animales de carga, mientras que el ser humano sólo dirigía la acción. Así, se lograba que las excavaciones fueran más profundas.

El tractor a vapor

Hacia finales del siglo XIX, y paralelamente a las investigaciones que se iban desarrollando encaminadas a fabricar automóviles, surgió el tractor a vapor. Así, el arado se acopló a un tractor que era conducido por una persona. De esta manera el trabajo físico disminuía notablemente y se podía realizar, en poco tiempo, lo que antes llevaba varios días.

Una vez finalizada la tarea de arar, la tierra queda aireada y los restos de la cosecha anterior nutren el suelo, que ya está listo para sembrar.

Un tractor para cada arado

Hoy existen numerosos tipos de tractores para arado, según la tarea que se desee realizar y el tipo de tierra en la que se deba trabajar. Por ejemplo, hay arados paralelos que se utilizan para desenterrar patatas.

¿**Cuáles** son los antecedentes del reloj actual?

Desde tiempos antiguos el ser humano ha utilizado instrumentos para medir el tiempo. Uno de ellos se basaba en la proyección de la sombra que produce el Sol sobre una superficie. Sin embargo, estos instrumentos, que funcionaban como cronómetros, no servían todavía para indicar la medida del paso del tiempo o para dividir el día en horas, minutos y segundos. A comienzos del siglo XIII surgió el reloj mecánico, uno de los primeros diseños que se acercan al de los relojes actuales.

El reloj de agua

Este es un dibujo simplificado del reloj de agua, también denominado *clepsidra,* diseñado con el objetivo de saber la hora durante la noche o los días nublados. Ya en el siglo IV a. C. los egipcios utilizaban un modelo de reloj de agua muy simple. Constaba de dos recipientes: a partir de la regularidad con que ascendía el nivel de agua dentro de uno de los recipientes se podía medir el transcurso del tiempo.

El reloj de bolsillo comenzó a fabricarse en Europa, en el siglo XVI. Poseía agujas que indicaban la hora, los minutos y los segundos.

El reloj de sol

Este reloj, también llamado *cuadrante,* está compuesto de una varilla que produce sombra sobre una superficie plana. La proyección de la sombra marca la posición del Sol en un determinado momento, y así se puede tener una idea bastante aproximada de la hora. El reloj de sol ya se utilizaba en el antiguo Egipto y fue perfeccionado por los griegos.

La tapa del reloj de bolsillo poseía imágenes decorativas y resguardaba el vidrio, que originalmente era muy frágil. Las mujeres solían llevarlo como adorno, y los hombres lo guardaban en el bolsillo.

El reloj de péndulo

A mediados del siglo XVI surgieron los relojes de péndulo, compuestos por una varilla metálica con un adorno en su parte inferior que, con sus oscilaciones, regula el movimiento. Estos relojes solían colgar de las paredes de los hogares hasta entrado el siglo XX.

El reloj de arena

Este reloj tiene dos recipientes de cristal unidos por un estrecho canal por donde pasa lentamente la arena. Debido a su mecanismo, no es posible medir lapsos de tiempo prolongados.

Mientras la rueda dentada gira, otro juego de ruedas complementario recibe este movimiento y lo transmite a las agujas del reloj.

Rueda de los minutos

El reloj de bolsillo es un tipo de reloj mecánico. Su funcionamiento se basa en el encadenamiento de engranajes que expresan la relación entre el giro de las ruedas y el tiempo.

Rueda de los segundos

La energía para que todo gire proviene de la acumulada por el mecanismo de resorte.

El reloj de Praga

Este hermoso reloj astronómico funciona desde el siglo XV en la torre del Ayuntamiento de Praga, República Checa. Además de dar la hora, se construyó con el fin de reproducir, según las concepciones de la época, las órbitas del Sol y de la Luna alrededor de la Tierra. Hacia mediados del siglo XIV comenzaron a montarse este tipo de relojes en las torres de los monasterios, las iglesias y las catedrales.

El reloj de pulsera

En 1904 el francés Louis Cartier inventó un reloj de pulsera para ser usado en aviación. En 1910 ese invento comenzó a venderse entre el público en general. Así nació el primer cronómetro de mano o reloj de pulsera tal como los conocemos hoy.

El reloj digital

Nació en 1920 al descubrir la posibilidad de transferir las vibraciones regulares del cristal de cuarzo a las manecillas del reloj. Su difusión creció gracias a los avances de la electrónica, a mediados del siglo XX. Mientras que el reloj de arena calcula aproximadamente los minutos, y el reloj analógico, los segundos y las décimas, el reloj digital permite establecer con gran precisión las centésimas y las milésimas.

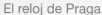

¿**Qué** diseños tenían las primeras gafas?

A unque no se sabe con exactitud quién fue el inventor de las gafas, la creación de este objeto que hoy nos resulta tan cotidiano no hubiera sido posible sin las investigaciones sobre óptica, que se remontan a la antigua Grecia, y sin el avance de la técnica del pulido del vidrio, que tuvo su auge en Italia hacia el siglo XIII. A través de los siglos, las gafas tuvieron distintos diseños hasta llegar a su forma actual.

Una forma similar para usos diferentes

La forma de las gafas se ha utilizado y se sigue utilizando actualmente para diseñar distintos objetos con el fin de proteger la visión de los aviadores, los buzos, los nadadores o los motociclistas. Además, en los últimos años se han diseñado modelos basados en la estructura de las gafas, pero con el fin de ver imágenes en tres dimensiones.

Hacia el siglo XVIII se diseñaron unas gafas con mango que facilitaban la lectura, a las que se llamaba *impertinentes.*

Los prismáticos

Este instrumento, también llamado *binocular,* fue diseñado para ver objetos a gran distancia. Existen otros modelos que poseen en su interior dispositivos electrónicos con los que es posible observar, durante la noche, el desplazamiento de seres vivos y otras fuentes de calor.

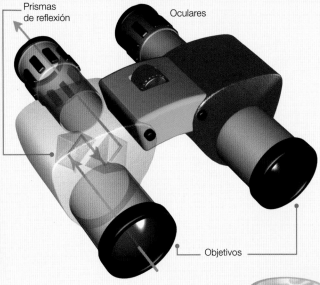

Prismas de reflexión

Oculares

Objetivos

Desde la ópera hasta el fútbol

Los prismáticos son instrumentos muy útiles para facilitar la observación de distintos espectáculos, tanto culturales (la ópera, el teatro y los recitales de música) como los deportivos (el fútbol, las carreras de caballos, etc.).

Según documentos históricos, el antecedente de las lentes fueron los cristales de roca tallados.

En la actualidad

Con el avance de las investigaciones, actualmente podemos acceder a las lentes multifocales, formadas por dos o tres piezas de lentes de diferentes focos, que permiten ver objetos a diferentes distancias, de manera similar a los que no necesitan anteojos. También están disponibles las lentes multifocales de contacto, que ofrecen dos ventajas: su comodidad y la capacidad de ver tanto de lejos como de cerca.

El diseño de gafas tal y como lo conocemos actualmente, con un par de patillas que se ajustan a las orejas, fue desarrollado en el siglo XVIII.

En el siglo XV, las lentes engarzadas en aros de hierro, plomo o cobre fueron perfeccionadas. Se las unió mediante un remache en forma de arco, para poder sujetarlas a la nariz.

Hacia el siglo XIV surgieron las lentes con una armadura que se sujetan a la nariz. Siglos después fueron llamadas *quevedos,* porque con ese diseño de gafas Diego Velázquez retrató al escritor Francisco de Quevedo.

En el siglo XIII, los artesanos del vidrio de la ciudad de Murano, Italia, perfeccionaron las técnicas de tallado de cristales e hicieron posible el diseño de las primeras gafas para un solo ojo (monóculos).

El catalejo
Este instrumento óptico sirve para mirar a larga distancia y está compuesto por dos lentes. La palabra *catalejo* está compuesta por *catar,* que significa «ver», y *lejos.*

Distintas palabras según los lugares
Mientras que en España es más corriente el uso de la palabra *gafa* o *gafas,* del neerlandés *gaffel,* que significa «horquilla», en países de América Latina, como Argentina, se usa la palabra *anteojo.*

¿**Qué** ventajas trajo la imprenta de Gutenberg?

E l orfebre alemán Johannes Gutenberg creó un nuevo método para imprimir libros: unas letras grabadas en plomo que se combinaban formando palabras y, como eran piezas independientes, se podían reutilizar para componer nuevos textos. Este avance tecnológico produjo un gran cambio en la sociedad, a partir del siglo xv. El libro se convirtió en un producto industrial, y los conocimientos, la cultura, la ciencia y la política se pusieron al alcance de una gran cantidad de personas.

La imprenta de Gutenberg representó un gran cambio en la historia de la humanidad: al producir un gran número de copias de un mismo original, facilitó el acceso de mucha gente a la lectura de los libros.

El nuevo método que introdujo Gutenberg en la imprenta se basó en sustituir la madera por el metal, fabricando moldes de fundición que reproducían letras, llamados *tipos móviles*.

Sobre las letras de plomo, de forma espejada, se aplicaba una tinta oleosa, que luego se transfería al papel como resultado de la presión ejercida por la prensa.

Portapapel

Cada uno de los tipos móviles se combinaba a mano con los otros, formando palabras, hasta completar una línea. Con este mismo procedimiento se completaba una página.

Johannes Gutenberg

Orfebre de profesión, Gutenberg nació en1398 y murió en 1468, en Mainz, Alemania. En 1434 se estableció en Estrasburgo y allí comenzó sus investigaciones y experimentos con los tipos móviles de metal fundido y la prensa. En 1448 regresó a Mainz y, como su invento resultaba muy costoso, se asoció con Johann Fust para poner en funcionamiento su imprenta. El método de impresión creado por Gutenberg se utilizó hasta el siglo XIX.

La primera Biblia en latín

Hacia 1455 Gutenberg imprimió la primera Biblia latina a dos columnas, que recibió el nombre de *Biblia de 42 líneas.* Sin embargo, una de las primeras obras realizadas por Gutenberg fue la *Gramática latina,* de Aelius Donatus, que imprimió unos diez años antes que la Biblia.

Los tipos de plomo

En una caja de madera, dividida en celdas, se ubicaban las distintas letras de plomo llamadas *tipos,* que se usaban para componer las líneas de texto. Los tipos de imprenta estaban formados por letras, signos y espacios de diversos tamaños. A su vez, había varias series, llamadas *familias,* con diferentes estilos de letras.

Gutenberg desarrolló su prensa para imprimir libros basándose en las prensas que se utilizaban en aquel momento en la agricultura, especialmente las que se usaban para prensar vino.

Palanca

Torno

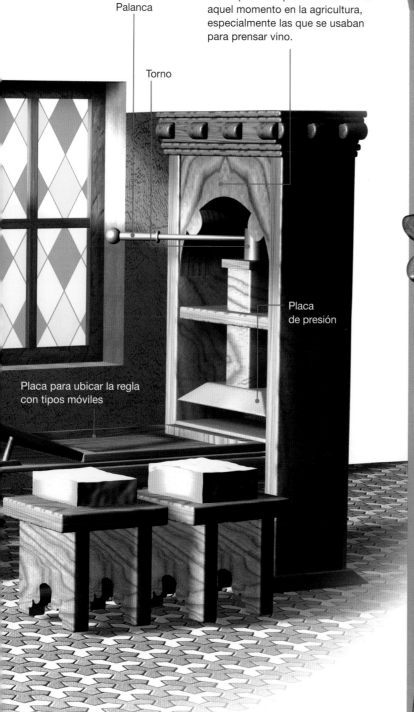

Placa de presión

Placa para ubicar la regla con tipos móviles

El cajista

Con una gran destreza manual, el cajista iba leyendo el texto original y, al mismo tiempo, componía los tipos o letras en una regla, donde quedaban alineadas. Esta operación se llamaba *composición.* Además de la destreza manual, el cajista desarrolló una particular destreza visual, puesto que debía leer al revés el texto que iba componiendo sobre la regla.

Los precedentes históricos

Según las fuentes históricas, los orígenes de la imprenta se sitúan entre los siglos VIII y IX, en Asia, donde se imprimían textos con la técnica de xilografía. El texto de cada página del libro se tallaba en relieve, a modo de espejo, sobre un taco de madera. Luego se aplicaba una capa de tinta sobre el taco, y se transfería al papel mediante presión. La desventaja de este sistema era que el taco servía para imprimir varios ejemplares, pero de un solo libro. En China, hacia el siglo XI, ya se utilizaban caracteres de imprenta, pero no se sabe con exactitud si en Europa se tenían noticias de este desarrollo.

¿**Cómo** nació el Stradivarius?

Antonio Stradivari fue un *luthier* de la ciudad de Cremona, Italia. Hacia finales del siglo XVII y principios del XVIII, Stradivari creó una serie de instrumentos de cuerda que llevan su nombre y destacan por su singular acústica. De su taller salieron más de 1000 instrumentos, de los cuales actualmente se conservan unos seiscientos ejemplares en todo el mundo.

Los expertos consideran que los instrumentos que construyó Stradivari entre 1700 y 1725 son los que poseen mejores cualidades sonoras.

Como los instrumentos de cuerda construidos por Stradivari no han podido ser igualados, actualmente un ejemplar cuesta mucho dinero.

Un violín consta de 60 piezas. En su construcción se invierten unas trescientas horas de trabajo. El secreto está en la exactitud milimétrica de sus medidas y en el tipo de madera utilizada (abeto para la tapa armónica y arce para el fondo).

El *luthier*

Para construir cada parte de un violín, el *luthier* debe elegir diversas maderas (de álamo o cedro, entre otras). Para que la madera se encuentre en su punto adecuado, la somete a un proceso de secado durante más de seis años. Una vez que la madera está lista, corta las piezas, las lija y arma el violín. Por último, lo barniza. El barniz influye en la calidad del sonido, por eso ésta varía según cada *luthier*. Además de Stradivari, hubo otros dos famosos *luthiers* que vivieron en la ciudad italiana de Cremona: Amati y Guarnieri. Acerca de ellos tres se cuenta la siguiente anécdota: después de años de pacífica coexistencia, la tienda Amati decidió hacer publicidad poniendo en su ventana un cartel que decía «Hacemos los mejores violines de Italia». La tienda Guarnieri reaccionó señalando: «Hacemos los mejores violines del mundo». Por último, la familia Stradivari colgó un cartel con la leyenda «Hacemos los mejores violines del edificio».

En un buen violín deben predominar las líneas curvas para que el aire no encuentre obstáculos cuando pasa por la caja de resonancia, que es el alma del instrumento.

Detalle de El oído, de Jan Brueghel (1568-1625), en el que pueden apreciarse los principales instrumentos del siglo XVII.

En el Palacio Real de Madrid se conservan cinco Stradivarius: tres violines, una viola y un violonchelo. Este conjunto de instrumentos de cuerda se llama quinteto palatino.

Instrumentos de cuerda percutida

Si la cuerda vibra porque es golpeada por un pequeño martillo, nos encontramos ante un instrumento de cuerda percutida o de percusión, como el piano y el címbalo, entre otros. El clavicordio, en lugar de martillos, posee unas láminas de metal que frotan las cuerdas y producen un sonido muy especial.

No se sabe con exactitud cuál es el secreto del Stradivarius, que suena de un modo tan singular. Algunos expertos afirman que se debe al tipo de barniz utilizado; otros sostienen que es la selección de las maderas.

Instrumentos de cuerda frotada

Cuando la cuerda vibra por el frotamiento de un arco, se trata de un instrumento de cuerda frotada, entre los que se encuentran el violín, que es el más pequeño, la viola, el violonchelo y el contrabajo (el más grande de esta familia de instrumentos).

Durante siglos se ha buscado fabricar instrumentos similares al Stradivarius. Sin embargo, no se ha logrado igualar su acústica.

Instrumentos de cuerda pulsada

Cuando la cuerda vibra por la pulsación de los dedos de la mano o de una púa, se trata de un instrumento de cuerda pulsada, como la guitarra, el arpa, la bandurria o este laúd, entre muchos otros.

El violín presenta una caja de resonancia, un bastidor, una tapa superior con dos orificios en forma de «f» (que favorecen la salida del sonido), cuatro cuerdas, un mango y un clavijero. Se ejecuta con la ayuda de una vara, llamada *arco*.

¿**Cómo** eran los primeros espejos?

El primer espejo que usaron los seres humanos fue el agua calma de los lagos, las lagunas y los charcos. Desde la Antigüedad, los espejos fueron fabricados como objetos de tocador, y a principios del siglo XVIII comenzaron a surgir nuevos diseños, como los de pared. Un siglo después se montaron en los armarios.

Espejos cóncavos

Un espejo cóncavo es un casquete tomado de una esfera de vidrio pulido en su parte interna, que permite aumentar la imagen. Para vernos reflejados en un espejo cóncavo es necesario que nos ubiquemos entre el espejo y el foco. El foco es el punto situado justo en medio del espejo y del centro del radio de la esfera del espejo.

Los espejos egipcios, hacia el 1500 a. C., estaban formados por dos piezas: un disco de metal y un mango, que solía ser de madera o metal, con figuras humanas o de animales o flores. Este diseño se utilizó hasta finales de la época romana.

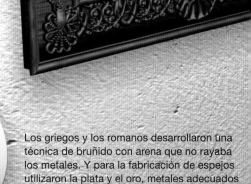

Los griegos y los romanos desarrollaron una técnica de bruñido con arena que no rayaba los metales. Y para la fabricación de espejos utilizaron la plata y el oro, metales adecuados para reflejar imágenes.

Espejos convexos

En todos los espejos convexos, la imagen reflejada es más pequeña que el objeto. Cuanto más cerca se sitúa el objeto en relación con el espejo, más ampliada se verá la imagen. Pero, de todas formas, seguirá siendo más pequeña que el objeto real. Los espejos convexos se utilizan, por ejemplo, en los cruces de las calles.

Los espejos etruscos, hacia el siglo IV a. C., se caracterizaban por tener el reverso decorado con grabados o relieves de imágenes mitológicas.

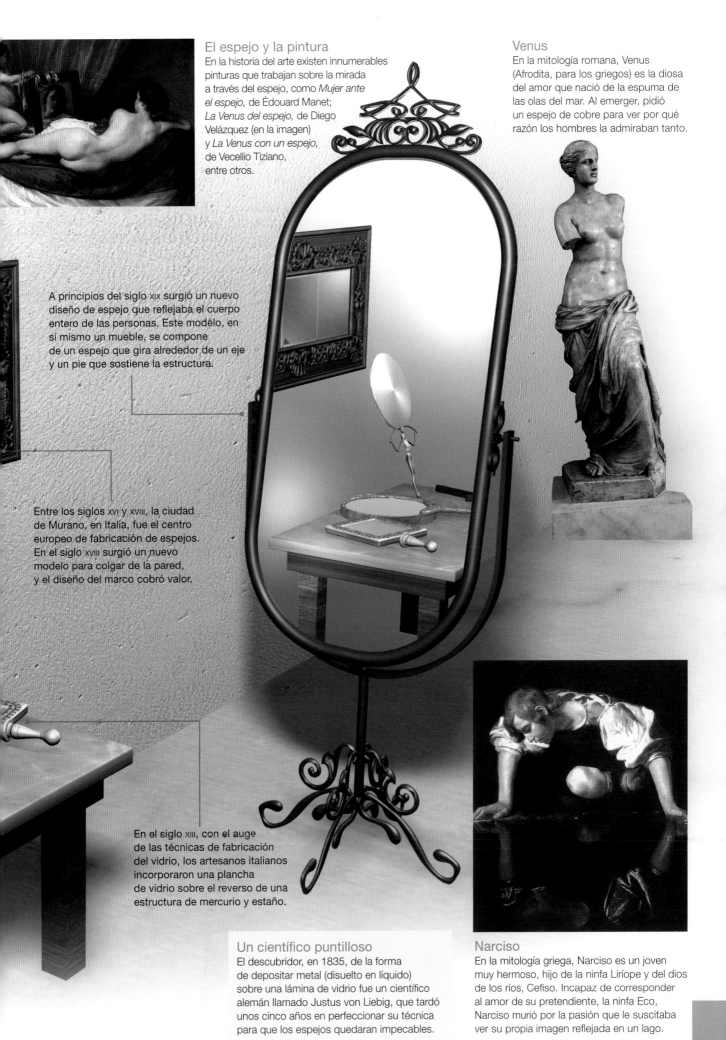

El espejo y la pintura

En la historia del arte existen innumerables pinturas que trabajan sobre la mirada a través del espejo, como *Mujer ante el espejo,* de Édouard Manet; *La Venus del espejo,* de Diego Velázquez (en la imagen) y *La Venus con un espejo,* de Vecellio Tiziano, entre otros.

Venus

En la mitología romana, Venus (Afrodita, para los griegos) es la diosa del amor que nació de la espuma de las olas del mar. Al emerger, pidió un espejo de cobre para ver por qué razón los hombres la admiraban tanto.

A principios del siglo XIX surgió un nuevo diseño de espejo que reflejaba el cuerpo entero de las personas. Este modelo, en sí mismo un mueble, se compone de un espejo que gira alrededor de un eje y un pie que sostiene la estructura.

Entre los siglos XVI y XVIII, la ciudad de Murano, en Italia, fue el centro europeo de fabricación de espejos. En el siglo XVIII surgió un nuevo modelo para colgar de la pared, y el diseño del marco cobró valor.

En el siglo XIII, con el auge de las técnicas de fabricación del vidrio, los artesanos italianos incorporaron una plancha de vidrio sobre el reverso de una estructura de mercurio y estaño.

Un científico puntilloso

El descubridor, en 1835, de la forma de depositar metal (disuelto en líquido) sobre una lámina de vidrio fue un científico alemán llamado Justus von Liebig, que tardó unos cinco años en perfeccionar su técnica para que los espejos quedaran impecables.

Narciso

En la mitología griega, Narciso es un joven muy hermoso, hijo de la ninfa Liríope y del dios de los ríos, Cefiso. Incapaz de corresponder al amor de su pretendiente, la ninfa Eco, Narciso murió por la pasión que le suscitaba ver su propia imagen reflejada en un lago.

¿**Quién** inventó el paracaídas?

Leonardo da Vinci fue un pintor, ingeniero, arquitecto e inventor italiano que vivió entre mediados del siglo XV y principios del XVI. Sus observaciones y reflexiones sobre el vuelo de los pájaros, como las funciones de las alas y la resistencia que opone el aire a una superficie, le sirvieron para diseñar un instrumento que siglos después se llamaría *paracaídas.*

Un representante del Renacimiento

Leonardo consideraba que el arte y la ciencia estaban íntimamente relacionadas. Esto explica sus investigaciones en el campo de la física, la arquitectura, la ingeniería, la anatomía, la pintura, el dibujo y la escultura, entre muchas otras disciplinas. Fue un representante típico del Renacimiento, un movimiento renovador del arte y la cultura que surgió en Italia a mediados del siglo XV y se extendió, aproximadamente, durante una centuria.

El *cordaje* está compuesto por numerosas cuerdas que confluyen en la mochila.

Leonardo denominó *retardador* de caída a lo que más tarde se llamaría *paracaídas.* Su diseño se basó en los conocimientos de la física sobre la resistencia que opone el aire a una superficie en movimiento. El tipo de paracaídas de la figura se llama *parapente,* y se utiliza en actividades deportivas.

Originalmente, el paracaídas sirvió para el salvamento de los pilotos y pasajeros de aviones. En la actualidad, también es utilizado para entregar alimentos y medicamentos a las áreas dañadas por guerras o desastres ambientales.

Instrumentos para seguir creando

Como buen inventor, Leonardo también diseñó instrumentos para crear nuevas formas e ideas, como el compás, un piano portátil y un prototipo de prensa de imprenta, entre muchos otros.

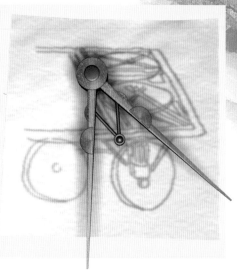

Sin un paracaídas, la velocidad de caída del cuerpo humano puede llegar a los 50 m/s (164 ft/s). Pero con este instrumento, la velocidad se reduce aproximadamente a 6 m/s (19 ft/s).

En la confección de la cubierta se utilizan telas de seda, nailon o fibras sintéticas, que son muy resistentes.

El diseño del paracaídas siguió desarrollándose durante siglos, pero ya hacia finales de la Primera Guerra Mundial se logró obtener un modelo efectivo.

Cuando un objeto se desplaza, el rozamiento con el aire se opone a su movimiento. Si la superficie que enfrenta al aire es grande, esa resistencia es mayor. En ese principio se basa el funcionamiento del paracaídas.

El paracaídas, antes de ser usado, se encuentra plegado en una mochila. Para abrirlo, se tira de un disparador que despliega la mochila y el paracaídas se extiende en pocos segundos.

Del boceto a la realidad

Leonardo tenía por costumbre anotar en libretas lo que observaba e investigaba, y fue así que dejó más de 4000 páginas con dibujos que documentan sus curiosidades, ideas y experimentos. Muchos de sus inventos fueron desarrollados años, e incluso siglos, más tarde. Aún hoy, tanto los científicos como los artistas siguen estudiando sus bocetos. Si bien el boceto del paracaídas de Leonardo poseía una forma piramidal con base cuadrada, contaba con una superficie de unos 60 m² (645 ft²), medida cercana a la de los paracaídas actuales.

Inventos aéreos

Además del paracaídas y el planeador, otro de los diseños para volar realizados por Leonardo fue el llamado *tornillo aéreo,* que se transformó en el antecedente del helicóptero.

Inventos terrestres

Hace unos años, un equipo de investigadores del Instituto de Historia de la Ciencia de Florencia reconstruyó el boceto de vehículo que ideó Leonardo y concluyó que este fue el primer antecedente del automóvil. Pero además, Leonardo dejó otros diseños para uso terrestre, como la bicicleta.

Inventos acuáticos

El barco impulsado por aspas fue uno de los importantes inventos para el medio acuático realizados por Leonardo, además del submarino, los trajes de salvamento en el agua y el hidrómetro, entre otros.

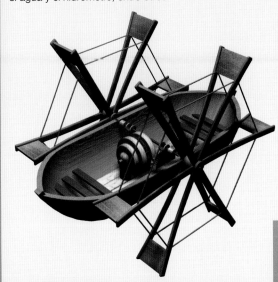

¿**Cuáles** fueron los primeros pasos de la fotografía?

En el siglo XVI, el astrónomo napolitano Giovanni Battista della Porta realizó el primer boceto con todos los detalles de la llamada *cámara oscura,* un instrumento óptico con el que se podían proyectar imágenes. Aunque ya existían precedentes en China y en escritos del siglo XIII que pertenecían al filósofo inglés Francis Bacon, la cámara oscura fue el primer paso hacia la fotografía.

A finales del siglo XIX, George Eastman descubrió el papel fotográfico y las antiguas placas se sustituyeron por un material más práctico. Pero el invento que más contribuyó a la historia de la fotografía fue su cámara *Kodak.*

Uno de los pasos decisivos en la historia de la fotografía lo dio Louis Daguerre en 1839, con un aparato que llevaría su nombre: el *daguerrotipo.* Con esta cámara se obtenía una imagen en positivo, como en la cámara oscura.

La función de la fotografía

Hasta mediados del siglo XIX la fotografía se utilizaba principalmente para hacer retratos de personas. Los pintores también la usaban en sus creaciones artísticas. Los periódicos, que hasta entonces encargaban a dibujantes estampas de los acontecimientos sociales, comenzaron a enviar fotógrafos a los lugares donde ocurrían sucesos significativos.

A comienzos del siglo XVI se construyeron cámaras oscuras portátiles, formadas por una caja con paredes interiores ennegrecidas. En el centro de una de las caras había un orificio, mientras que la cara opuesta era de vidrio. Sobre la cara de vidrio se proyectaba la imagen del objeto colocado delante del orificio.

La cámara mamut

Fue la cámara fotográfica más grande que se había fabricado en la historia. Se utilizó en 1900, en Estados Unidos, para registrar el proceso de construcción de las vías de ferrocarril de la época.

La cámara de fuelle y la cámara de caja fueron los dos prototipos antiguos que sirvieron de base para el desarrollo de modelos posteriores.

El color

A principios del siglo xx se avanzó en las investigaciones sobre la película en color y se lanzaron al mercado unas películas llamadas *Autochromes Lumière,* en honor a sus creadores, los hermanos *Lumière.* Unos 30 años más tarde, el uso de la fotografía en color ya se había popularizado.

El *flash*

Antes de 1930, año en que se inventó el *flash,* se utilizaba polvo de magnesio para crear luz artificial. Sobre un soporte se encendía el polvo con un detonador, y su combustión producía un destello de luz brillante seguido de una humareda blanca.

La cámara fotográfica

La palabra *cámara* proviene del latín *camera*, que significa «habitación». La primera cámara oscura, que data del siglo xiii, fue una habitación con una fuente de luz que provenía de un orificio en una de las paredes. En el siglo xvi, la cámara oscura dejó de ser una habitación para convertirse en un instrumento portátil con una lente que permitía tomar imágenes más nítidas. Desde la cámara oscura hasta nuestros días, las cámaras fotográficas presentan diseños cada vez más pequeños, como el de las cámaras digitales actuales.

¿**Cuándo** surgió el calendario que usamos hoy?

Actualmente en el mundo occidental se usa el calendario diseñado por Julio César, que fue corregido por el papa Gregorio XIII en 1582. Pero en el mundo existen, y han existido a lo largo de la historia, distintas culturas y, por tanto, diversas formas de medir el tiempo. Algunas sociedades se han regido por los ciclos de la Luna; otras, por los del Sol, y otras, por ambos.

En el calendario juliano, el hecho de que un año tuviera 365 días producía un desfasaje de 30 días cada 120 años. Por eso, se decidió que cada cuatro años se añadiría un día a febrero, el mes más corto.

Los nombres de los meses
La mayoría de los nombres de los meses del calendario actual hacen honor a dioses romanos. Así, el primer mes, enero, procede de Jano, que era el dios que protegía los momentos iniciales. Marzo proviene del dios Marte. Mayo debe su nombre a la diosa romana de la primavera, Maia. Junio deriva de Juno, el dios romano que se vincula con las fuerzas vitales.

En su movimiento de rotación, la Tierra gira sobre su eje y da una vuelta completa en 23 horas y 56 minutos.

En su movimiento de traslación, la Tierra se mueve alrededor del Sol, y el tiempo que tarda en recorrer una órbita es de 365 días, 5 horas y 49 minutos.

En el siglo I a. C., el astrónomo Sosígenes propuso a Julio César el calendario que luego se llamaría *juliano*, basado en los ciclos estacionales, y para eso estableció que el año durara 365 días.

Con el fin de corregir el desfase
del calendario juliano, en 1582
el papa Gregorio XIII propuso
que el equinoccio de primavera tuviera
lugar el 11 de marzo y no el 20,
como aparecía en ese calendario.

El papa Gregorio XIII propuso corregir
el exceso de duración de los días
del año juliano, y estableció que
cada cuatro siglos se suprimirían
tres días, mediante una corrección
en la cantidad de años bisiestos.
Así, son bisiestos los años que
son múltiplos de 4, excepto aquellos
múltiplos de 100 cuyas dos primeras
cifras no son múltiplos de 4. Así 2000
fue bisiesto, pero 2100 no lo será.

En honor de las reformas
del papa Gregorio XIII,
el calendario actual
se llama *gregoriano*.

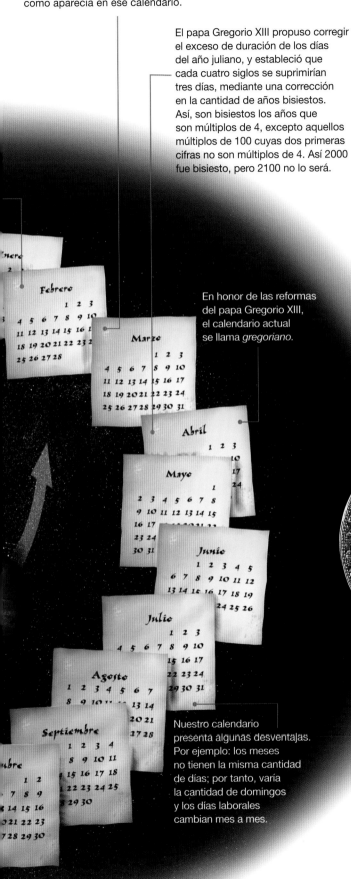

Nuestro calendario
presenta algunas desventajas.
Por ejemplo: los meses
no tienen la misma cantidad
de días; por tanto, varía
la cantidad de domingos
y los días laborales
cambian mes a mes.

Los calendarios lunares

Para medir el tiempo,
los calendarios lunares
toman como base
el ciclo de las lunaciones.
Los calendarios
de la Antigüedad,
excepto el egipcio,
se basaron
en este sistema.

Los calendarios solares

Se llama así a los calendarios
que miden el tiempo según
el ciclo de las estaciones,
que derivan del período de
revolución de la Tierra alrededor
del Sol. En la Antigüedad, el
calendario egipcio se basaba
en este principio. Actualmente,
casi todos los países
adoptan este sistema, incluido
el calendario gregoriano.

El calendario azteca

Para algunos investigadores,
esta escultura representa
el calendario azteca; para otros,
se trata de un monumento
al Sol. Está compuesta por
círculos concéntricos y en su
centro se encuentra la imagen
del Sol, que en la mitología
azteca representa la quinta
era del mundo.

El calendario chino

Los chinos conocieron el año de 365 días, es decir, el del tiempo
que transcurre entre dos pasos consecutivos del Sol por el mismo
punto equinoccial de primavera, pero su calendario es lunisolar.
El calendario chino se compone de seis meses de 29 días y seis
meses de 30, y cada año consta de 354 días. El año nuevo chino
se celebra en la segunda Luna nueva, después del solsticio
del 21 de diciembre: hacia finales de enero y mediados de febrero,
según el calendario gregoriano.

¿Para **qué** sirve el microscopio?

C omo los seres humanos no podemos distinguir a simple vista las cosas que miden menos de una décima de milímetro, durante siglos los científicos se dedicaron a investigar y desarrollar un instrumento óptimo que pudiera aumentar las imágenes. Así surgió el microscopio, que permite observar de cerca objetos diminutos.

Ocular

El microscopio electrónico

Los microscopios electrónicos permiten obtener imágenes con gran resolución tanto de materiales pétreos como metálicos y orgánicos.

El microscopio compuesto lleva este nombre porque está formado por dos lentes convergentes situadas en los extremos de un tubo. Una lente se llama *objetivo*, y la otra, *ocular.*

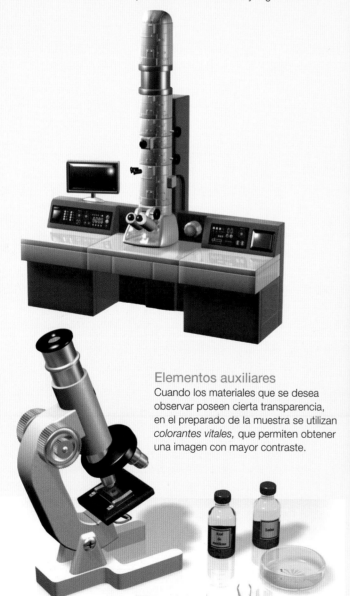

La platina es una placa donde se posa el portaobjetos.

Elementos auxiliares

Cuando los materiales que se desea observar poseen cierta transparencia, en el preparado de la muestra se utilizan *colorantes vitales,* que permiten obtener una imagen con mayor contraste.

Algunos microscopios compuestos poseen un espejo regulable para captar los rayos de luz natural, y así visualizar el material que se desea observar. Otros modelos poseen una fuente de luz eléctrica.

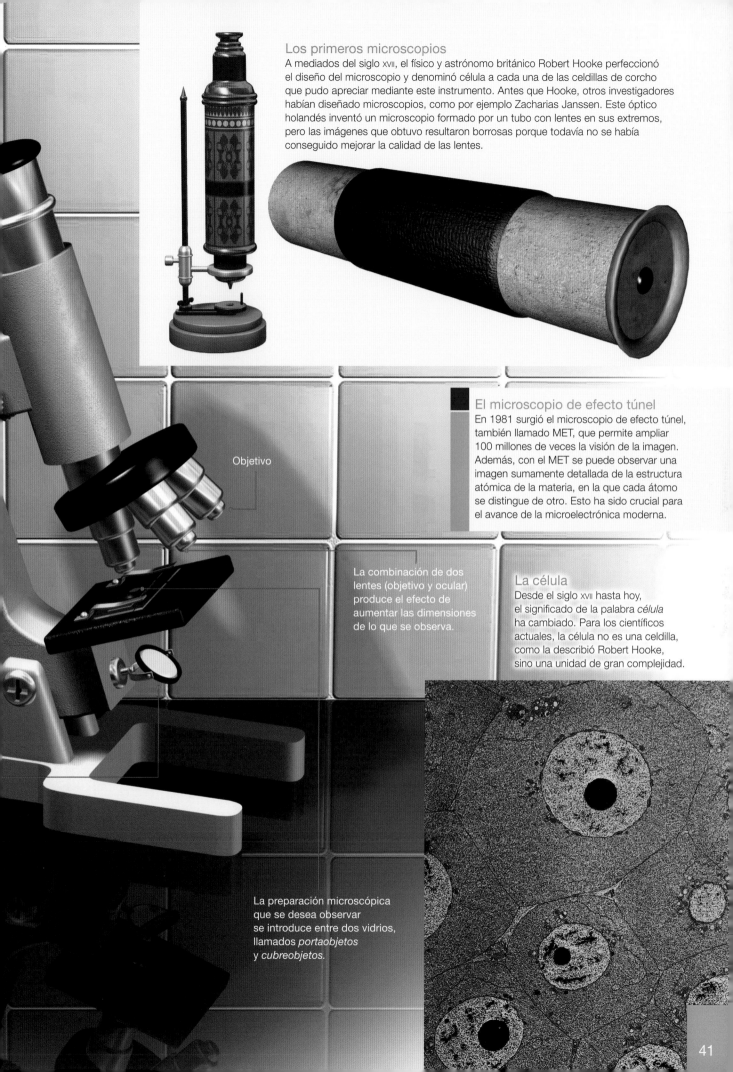

Los primeros microscopios

A mediados del siglo XVII, el físico y astrónomo británico Robert Hooke perfeccionó el diseño del microscopio y denominó célula a cada una de las celdillas de corcho que pudo apreciar mediante este instrumento. Antes que Hooke, otros investigadores habían diseñado microscopios, como por ejemplo Zacharias Janssen. Este óptico holandés inventó un microscopio formado por un tubo con lentes en sus extremos, pero las imágenes que obtuvo resultaron borrosas porque todavía no se había conseguido mejorar la calidad de las lentes.

Objetivo

El microscopio de efecto túnel

En 1981 surgió el microscopio de efecto túnel, también llamado MET, que permite ampliar 100 millones de veces la visión de la imagen. Además, con el MET se puede observar una imagen sumamente detallada de la estructura atómica de la materia, en la que cada átomo se distingue de otro. Esto ha sido crucial para el avance de la microelectrónica moderna.

La combinación de dos lentes (objetivo y ocular) produce el efecto de aumentar las dimensiones de lo que se observa.

La célula

Desde el siglo XVII hasta hoy, el significado de la palabra *célula* ha cambiado. Para los científicos actuales, la célula no es una celdilla, como la describió Robert Hooke, sino una unidad de gran complejidad.

La preparación microscópica que se desea observar se introduce entre dos vidrios, llamados *portaobjetos* y *cubreobjetos*.

¿**Qué** es el telégrafo?

E l telégrafo es el primer aparato que se creó para enviar mensajes a distancia. Surgió de la necesidad de conseguir una mayor velocidad en las comunicaciones y pudo desarrollarse gracias a la aplicación de la electricidad que introdujo la Segunda Revolución Industrial.

La palabra *telegrafía* proviene del griego *tele,* que significa «distancia», y *graphé,* «escritura». Es decir: *escritura a distancia.*

El código Morse, también llamado *alfabeto Morse,* fue diseñado por Alfred Vail y Samuel Morse. Es un sistema de señales cortas y largas (puntos y rayas). Cada señal se corresponde con una letra, un número, un signo de puntuación o, incluso, con breves mensajes.

Alfabeto Morse

a	.—	1	.————
b	—...	2	..———
c	—.—.	3	...——
d	—..	4	....—
e	.	5	.....
f	..—.	6	—....
g	——.	7	——...
h	....	8	———..
i	..	9	————.
j	.———	0	—————
k	—.—	.	
l	.—..	,	
m	——	?	..——..
n	—.	"	.—..—.
o	———	:	———...
p	.——.	;	—.—.—.
q	——.—	(	—.——.
r	.—.	=	—...—
s	...	Error	....
t	—	Espera	.—...
u	..—	Fin de mensaje	...—.—
v	...—	Fin de transmisión	...—.—
w	.——		
x	—..—		
y	—.——		
z	——..		

El heliógrafo

El heliógrafo es un instrumento telegráfico óptico. Consta de un trípode en el que se monta un espejo con una tapa. Al abrir la tapa, se refleja el sol, y al cerrarla se interrumpe el reflejo. El sistema de señales de este instrumento es el mismo código Morse con el que funcionaba el telégrafo electromagnético. Los destellos cortos de luz equivalen a los puntos del código Morse, y los destellos largos, a las rayas.

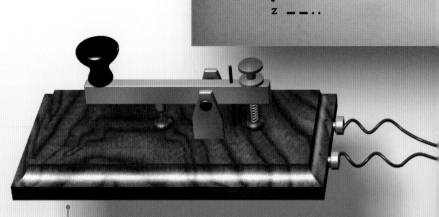

Samuel Morse

Este artista e inventor estadounidense (1791-1872) desarrolló un modelo de telégrafo electromagnético registrador y dos aparatos para la emisión y la recepción de mensajes. En 1844 montó la primera línea telegráfica pública que unía una distancia de 65 km (40 mi), de Washington a Baltimore.

Mediante el aparato transmisor, el operador accionaba impulsos eléctricos de distinta duración. Un impulso corto correspondía a un punto, y un impulso largo, a una raya.

El aparato receptor recibía los impulsos eléctricos emitidos por el aparato transmisor y los convertía en impulsos magnéticos mediante un electroimán que movía una varilla con un punzón en su extremo. Un electroimán es un dispositivo que genera efectos magnéticos debido a la circulación de una corriente eléctrica.

Los mensajes a través de la historia

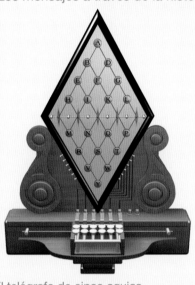

El teleimpresor

En 1896 el estadounidense David Hughes diseñó el primer telégrafo que imprimía las señales recibidas en una cinta de papel. Este telégrafo de tipos, también llamado *teleimpresor,* estaba dotado de un teclado similar al de un piano y podía transmitir e imprimir hasta 60 palabras por minuto.

El telégrafo de cinco agujas

A finales de 1830 los científicos británicos William F. Cooke y Charles Wheatstone diseñaron el telégrafo de cinco agujas por encargo de una empresa de ferrocarriles, que solicitó a los inventores un modelo de 20 letras y diez números. Un telegrafista movía las teclas para regular la energía que llegaba a las agujas, haciendo que señalaran la letra deseada. Esa cantidad de energía se transmitía a otro telégrafo que señalaba la misma letra. En la caja del telégrafo había pilas electromagnéticas que generaban energía.

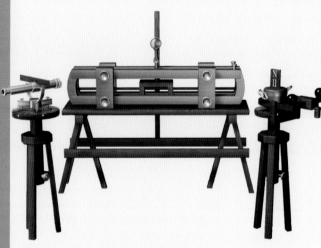

Los mensajes en la actualidad

Hasta hace menos de dos décadas, cuando se expandió el uso de Internet, el telégrafo era uno de los medios más rápidos para enviar textos escritos a distancia. Pero hoy día, ha quedado prácticamente en desuso y ha sido suplantado primero por el fax y luego por el correo electrónico o *e-mail.* Cada dirección de correo electrónico es única y está compuesta del nombre del usuario, seguido del signo @ y el proveedor de correo, por ejemplo, pedroplana@enciclopedias.es.

El telégrafo de Gauss y Weber

En 1833 los científicos alemanes Karl Gauss y Wilhelm Weber diseñaron un telégrafo de aguja electromagnética y consiguieron unir el laboratorio de física de la Universidad de Göttingen con el observatorio astronómico. Este circuito recorría 1 km (0.6 mi).

¿**Cómo** funciona una
plataforma petrolífera?

Aunque el petróleo es conocido por el ser humano desde tiempos muy remotos, su explotación industrial comenzó a mediados del siglo XIX. El petróleo es una mezcla natural de hidrocarburos y otras sustancias en pequeñas proporciones. Un hidrocarburo es un compuesto de hidrógeno y carbono, producto de la transformación de restos fósiles, que se encuentra en las formaciones rocosas del suelo y del lecho marino. Para extraer petróleo, se instalan torres de perforación en el suelo y plataformas petrolíferas en el lecho marino.

La plataforma tiene un equipo de telecomunicaciones, radios y un radar computarizado para el control del tráfico marítimo.

La parte inferior de la plataforma es un muelle. En la parte superior se encuentran todas las instalaciones y un helipuerto.

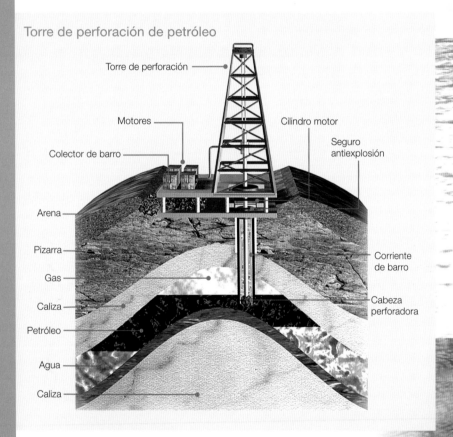

Torre de perforación de petróleo

- Torre de perforación
- Motores
- Colector de barro
- Cilindro motor
- Seguro antiexplosión
- Arena
- Pizarra
- Gas
- Caliza
- Petróleo
- Agua
- Caliza
- Corriente de barro
- Cabeza perforadora

Alternativa para el cuidado del medio ambiente

La combustión de los derivados del petróleo produce residuos, como el monóxido de carbono, muy perjudiciales para el medio ambiente. Por esta razón, en los últimos años ha surgido la propuesta de sustituir ciertos combustibles derivados del petróleo por el biodiésel. Este combustible, que se obtiene a partir de aceites vegetales o grasas animales, disminuye en alto grado las emisiones tóxicas de los vehículos y evita los fenómenos de erosión del suelo.

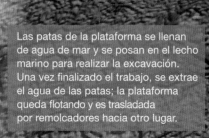

Las patas de la plataforma se llenan de agua de mar y se posan en el lecho marino para realizar la excavación. Una vez finalizado el trabajo, se extrae el agua de las patas; la plataforma queda flotando y es trasladada por remolcadores hacia otro lugar.

Distribución mundial de las reservas de petróleo

El petróleo es un recurso natural no renovable. Esto significa que si se continúa extrayendo petróleo al mismo ritmo que en la actualidad, se estima que las reservas durarán unos 40 años más.

África: 9%

Norteamérica: 5%

Asia Pacífico: 4%

América del Sur y Centroamérica: 9%

Europa y Eurasia: 9%

Oriente Medio: 64%

El tubo taladrador desciende y asciende a través del fondo del mar.

El inicio de la explotación industrial del petróleo fue en Pensilvania, en 1859, cuando se instaló el primer pozo petrolífero. Sin embargo, tanto en el Neolítico como en el Paleolítico, el ser humano empleó para la construcción betún de petróleo, proveniente de la superficie.

Durante la explotación, a través del tubo taladrador, se extrae petróleo crudo y gas natural. En algunos sitios predomina el petróleo, pero siempre con algún porcentaje de gas.

El petróleo crudo se transporta mediante oleoductos hacia las refinerías.

45

¿**Cuál** fue el primer modelo de bicicleta?

E
l biciclo fue el primer modelo con una estructura similar a la de la bicicleta actual. Diseñado hacia 1865 por Ernest Michaux, la particularidad que introdujo en relación con los anteriores fue la de dotar de pedales a la rueda delantera.

El biciclo no tenía frenos, y como su asiento se encontraba aproximadamente a 2 m (6.5 ft) de alto, el conductor debía saltar al suelo para detener el vehículo.

Para que cada vuelta de pedal imprimiera al vehículo un movimiento significativo, el diámetro de la rueda delantera debía ser muy grande. Solía medir hasta un metro y medio.

El cuadro y las ruedas del biciclo eran de madera, y las llantas, de hierro.

La rueda trasera era notablemente más baja y más pequeña que la rueda delantera.

Michaux montó, a ambos lados del eje de la rueda delantera, unos pedales de hierro para que los pies tuvieran un punto de apoyo para imprimir el movimiento de marcha.

Para todos los gustos

Las bicicletas no solo han servido a las personas para el esparcimiento, la recreación y el deporte. En muchos países, se utilizan como un importante medio de transporte que, además de ser económico, contribuye al cuidado del medio ambiente. En la actualidad existen muchísimos modelos de bicicletas: podemos encontrar desde las formas más clásicas hasta las más curiosas, como el modelo, llamado *tándem,* diseñado para dos personas.

La draisina

Este modelo es el antecedente más inmediato de la bicicleta. Fue diseñado por los franceses Blanchard y Magurier a finales del siglo XVIII. El conductor se sentaba entre las dos ruedas e impulsaba el vehículo con los dos pies, puesto que la draisina carecía de pedales. Unos años más tarde, el inventor alemán Karl Drais perfeccionó el modelo, otorgándole una dirección más estable y una estructura más liviana.

El boceto de Leonardo

Hacia finales del siglo XV, Leonardo da Vinci ya había diseñado una bicicleta con transmisión de movimiento por cadena, como las que se usan actualmente, pero esta idea no se llevaría a la práctica hasta casi cuatro siglos después.

Los pedales

A mediados del siglo XIX, el herrero escocés Kirkpatrick Macmillan incorporó a la draisina dos pedales, unidos por manivelas, que hacían girar la rueda trasera. Este fue un paso previo muy importante para llegar al biciclo.

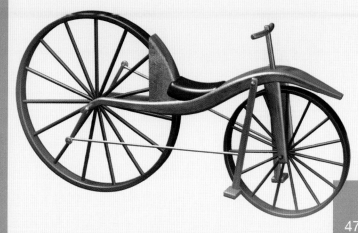

¿**Qué** cambios produjo la
máquina de escribir?

Las teclas de la máquina de escribir sonaron durante más de 100 años en las oficinas, en los comercios y en las casas de los escritores. Aunque actualmente ha sido sustituida por el ordenador, su aparición, con un teclado apenas audible, produjo un cambio muy importante, porque dejó atrás la escritura manuscrita en el ámbito laboral.

En 1873 la firma Remington lanzó al mercado una máquina de escribir que superaba los problemas que ocasionaban los modelos anteriores, como el enganche de las teclas durante el tecleo rápido o que solo contaba con letras mayúsculas. La innovación fue introducida por los estadounidenses Scholes y Glidden.

La ficción que superó la realidad
Ya en 1726, Jonathan Swift, en su libro *Los viajes de Gulliver,* describió una máquina de escribir formada por piezas de madera con palabras en cada uno de sus lados. Cuando se presionaba una palanca, los lados rotaban y se producía una determinada combinación de palabras.

El carro se mueve horizontalmente de un lado a otro a medida que se pulsan las teclas, y lleva un cilindro de goma sobre el que se coloca el papel. Al completar la transcripción de una línea, el carro debe retornar de forma manual a su posición original. Por tanto, automáticamente el papel avanza una línea.

El teclado que diseñó Scholes se denominó QWERTY, porque esas son las cinco primeras letras de su fila superior. Esta distribución de las teclas fue adoptada para el diseño del teclado del ordenador.

Scholes creó un teclado que evitaba que las letras de uso más frecuente, como la *s,* la *t,* o la *u,* estuvieran juntas. Así, consiguió hacer más lenta la escritura, para evitar que los martillos se engancharan.

Uno de los primeros intentos

En 1855 el abogado italiano Giusseppe Ravizza construyó el clavicordio escribiente *(cembalo scrivano)*, inspirándose en el mecanismo del piano, con sus teclas de madera blancas y negras.

Las máquinas de escribir eléctricas

Con un mecanismo similar al de la máquina de escribir mecánica, la máquina de escribir eléctrica se introdujo en el mercado hacia 1930. Su gran ventaja residía en que el motor eléctrico permitía al usuario desarrollar mayor velocidad y precisión en la escritura. Además, garantizaba una presión similar sobre toda la hoja durante el tecleo, independientemente de la fuerza que ejerciera la persona que tecleaba.

Con los primeros modelos Remington solo se podía escribir en letras mayúsculas. En 1878 se modificaron las teclas, las palancas y las líneas de linotipia con la introducción de letras mayúsculas y minúsculas.

Cuando se pulsa una de las teclas, su palanca actúa sobre el tipo de plomo correspondiente y el impulso golpea sobre la cinta, pintándola con la tinta que transcribe la letra en el papel.

Al pie de la máquina

Los biógrafos del escritor estadounidense Ernest Hemingway afirman que el autor de *El viejo y el mar* escribía con una Remington. En ocasiones, la máquina de escribir estaba empotrada en un estante lo suficientemente alto como para que Hemingway pudiera escribir de pie.

¿**Cómo** eran los primeros teléfonos?

Este es uno de los primeros modelos de teléfono público que se usaban hacia 1900.

Antes de que Alexander Graham Bell patentara el primer teléfono en 1876, se utilizaba el telégrafo para comunicarse a larga distancia. El invento de Antonio Meucci, patentado por Bell, tuvo tanto éxito que se extendió rápidamente: en 1878 se instaló la primera central telefónica, o centralita, y diez años después funcionaba la primera central automática. Desde entonces, los teléfonos han cambiado notablemente.

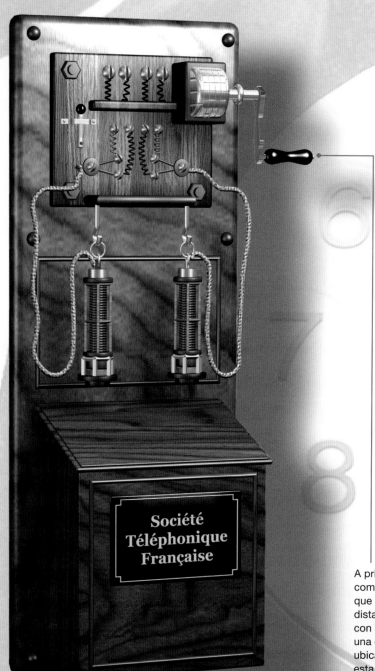

Société Téléphonique Française

Société Téléphonique Française

A principios del siglo XX, se podían establecer comunicaciones telefónicas entre ciudades que se encontraban a unos 4000 km (2,485 mi) de distancia. Con el tiempo, fue posible comunicarse con lugares cada vez más lejanos. Para establecer una comunicación, se debía accionar la manivela ubicada en el lateral derecho del aparato. De esta manera se accedía a la centralita, donde una operadora conectaba a los dos usuarios.

Los primeros teléfonos

El aparato ideado por Bell constaba de piezas muy simples: una bobina de cobre, un imán e hilos conductores. Un dispositivo emisor convertía las ondas sonoras de la voz humana en señales eléctricas. A su vez, otro dispositivo receptor transformaba la señal eléctrica en onda de sonido.

El teléfono candelero

Cuando las centralitas manuales fueron sustituidas por las automáticas, se diseñaron otros modelos de teléfono, como el candelero. El usuario ya no debía contactar previamente con la operadora para establecer la llamada, sino que podía realizarla directamente, marcando en el disco el número con el que deseaba comunicarse.

Los primeros teléfonos, tanto públicos como privados, contaban con un auricular para cada oreja.

La comunicación telefónica

Para llevar a cabo una conversación telefónica es necesario convertir la energía sonora en eléctrica mediante un micrófono. A continuación, esta energía se transmite a través de cables. Por último, gracias a un auricular se realiza la conversión inversa: de energía eléctrica a sonora.

Hasta finales del siglo XIX, las centralitas se accionaban manualmente. Este trabajo era realizado principalmente por operadoras mujeres. Con el paso del tiempo, estas centrales telefónicas manuales fueron sustituidas por automáticas, y más tarde, por las electrónicas.

El uso masivo del teléfono

A mediados del siglo XX, el desarrollo de la tecnología y de los materiales utilizados para establecer comunicaciones telefónicas hicieron posible el uso masivo del teléfono en los hogares. Por su parte, la telefonía celular, que es un tipo de comunicación inalámbrica mediante teléfonos móviles, se viene desarrollando desde 1947, pero su uso masivo se instauró hace solo dos décadas.

Para hablar se acercaba la boca al micrófono, ubicado en la parte delantera del aparato.

Alexander Graham Bell

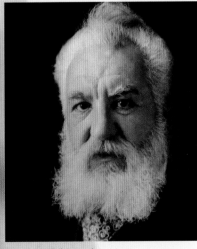

En 1876 el físico e inventor estadounidense Alexander Graham Bell patentó el primer teléfono. Este invento, desarrollado inicialmente por Antonio Meucci, fue el resultado, por un lado, de las investigaciones que Bell llevó a cabo sobre la transmisión del sonido mediante la corriente eléctrica y, por otro, del desarrollo que en esa época había alcanzado el telégrafo.

Para escuchar, había que acercar los auriculares a las orejas.

¿**Cuándo** surgieron los electrodomésticos?

Como en nuestra vida cotidiana dependemos tanto de los electrodomésticos, a veces nos resulta extraño pensar que existen desde hace muy poco tiempo. Comparados con otros inventos, como las herramientas, que tienen más de 500 000 años de antigüedad, los electrodomésticos existen aproximadamente desde hace apenas 100 años.

Hacia finales del siglo XIX, el inventor británico Cecil Booth presenció una demostración del funcionamiento de un aparato que, para limpiar, dispersaba el polvo, y se le ocurrió que en vez de soplarlo sería mejor succionarlo. Así nació la primera aspiradora mecánica en 1908. Luego, a principios del siglo XX, surgió la primera aspiradora eléctrica.

Las primeras aspiradoras no eran prácticas para el uso doméstico. Por sus grandes dimensiones, no pasaban por las puertas de las casas, y solo se utilizaban para limpiar edificios.

El ventilador

En 1889 se desarrolló el primer ventilador eléctrico de tres aspas. A pesar de sus ventajas prácticas –eran livianos y portátiles–, su uso masivo se instauró unas cuantas décadas después, puesto que en esa época la electricidad era un lujo al que solo accedía la clase alta.

Los motores eléctricos

Como su nombre indica, los electrodomésticos funcionan gracias a la electricidad. Los primeros motores eléctricos surgieron hacia 1830, con fines puramente científicos. Luego se aplicaron a diversos aparatos con fines industriales, hasta que a mediados de 1900 comenzaron a diseñarse motores más pequeños. Actualmente es posible diseñar aparatos y juguetes con motores muy pequeños.

Los primeros modelos de aspiradoras se basaban en la instalación de un ventilador eléctrico que se montaba dentro de una caja.

Con el desarrollo y la aplicación de los motores eléctricos a distintos artefactos, surgió en 1917 la primera aspiradora eléctrica.

Booth's Patents

NAVAL
GE OSBORNE
SH VACUUM
CLEANER
Nº 1572

La lavadora de ropa

En el siglo xix era usual lavar la ropa con un artefacto que constaba de un tambor de madera donde se vertía agua y jabón y se sumergía la ropa. Para presionar la ropa y eliminar la suciedad se accionaba una manivela. En 1915 surgieron en Inglaterra y en Estados Unidos las primeras lavadoras de ropa eléctricas.

La plancha

Hacia el siglo xv, en Europa se utilizaban dos modelos de plancha de hierro. Uno constaba de un recipiente donde se colocaba carbón caliente. El otro modelo, totalmente de hierro, debía calentarse al fuego hasta que el metal se ponía rojo. Cuando llegó la electricidad, las planchas de hierro fueron sustituidas, poco a poco, por las eléctricas.

¿**Cómo** fueron los inicios del cine?

Vivieron entre finales del siglo xix y mediados del xx en Francia y fueron los inventores de la primera cámara de filmación y de la primera cámara de proyección cinematográficas. En 1895 los hermanos Lumière presentaron su invento con la proyección de uno de sus cortos documentales: *Salida de los obreros de la fábrica Lumière*. Aunque a esta función solo asistieron unas 30 personas, al cabo de unos días el público se agolpaba para ver la proyección.

E l cine empezó a desarrollarse gracias a los inventos relacionados con la imagen que surgieron entre 1891 y 1895. La invención de la cámara oscura, que permitió la obtención de imágenes, y la de la linterna mágica, que introdujo la proyección de imágenes, fueron decisivas para el nacimiento de la cinematografía.

El cine es posible porque la retina humana «retiene» la luz durante una fracción de segundo. Gracias a ello también se puede ver la televisión. Una mosca, por ejemplo, no dispone de esa capacidad, y es incapaz de procesar como imagen un puntito de luz que va y viene en el televisor, o una sucesión de fotogramas y oscuridad en el cine.

El cine mudo

Aunque haya recibido el nombre de *cine mudo*, las primeras películas no eran estrictamente mudas, puesto que solían ser proyectadas al mismo tiempo que se ejecutaban piezas de música en vivo. En muchas ocasiones, los directores encargaban la partitura para sus películas a importantes compositores. Ya en 1927, con *El cantor de jazz*, se inauguró en Estados Unidos la época del llamado *cine sonoro*, y se introdujo un procedimiento sincrónico entre el sonido y la imagen.

Los hermanos Lumière se basaron en las experiencias anteriores para inventar un dispositivo que permitiera la reproducción de imágenes cinematográficas. La máquina proyectaba, con intervalos regulares y de pocas centésimas de segundo, un haz de luz sobre los fotogramas de una cinta con imágenes. El haz de luz era enfocado por una lente sobre una pantalla.

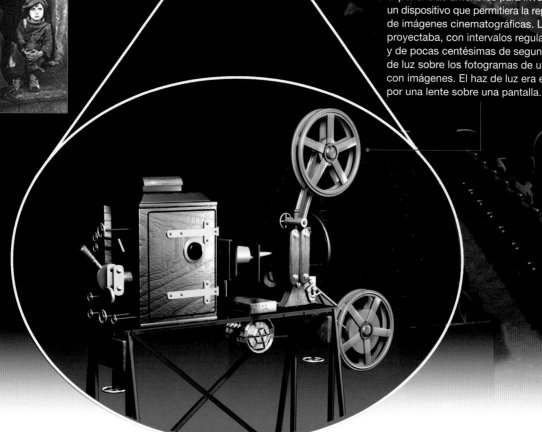

En 1896 se inició la carrera del director francés Georges Meliés, que destacó por su filme *Viaje a la Luna,* de 1902, porque experimentaba con el trucaje de las tomas y con atmósferas fantásticas que se contraponían a la línea documental que habían fundado los hermanos Lumière.

El cine toma elementos de distintas ramas del arte: de la novela, al contar historias; de la pintura y de la fotografía, al componer el espacio con luz y sombras; de la música, al trabajar con el ritmo, y de la danza, al representar el movimiento del cuerpo.

A diferencia de otras expresiones del arte, el cine se caracteriza por la proyección y el movimiento de la imagen y porque se puede trabajar simultáneamente con el espacio y el tiempo.

Las primeras películas presentaban escenas reales, filmadas en exteriores, o representaciones de ficción, filmadas en interiores. Estas dos formas marcaron dos estéticas distintas en la historia del cine.

A finales del siglo XIX, Louis Lumière instaló en Lyon la primera sala de proyección de películas. Y al poco tiempo, a principios del XX, se inauguraron miles de nuevas salas en todo el mundo.

La linterna mágica

En el siglo XVII, Athanasius Kircher, sacerdote jesuita nacido en Alemania, diseñó un aparato llamado *linterna mágica,* que fue el precedente más próximo de la cinematografía. Este aparato óptico constaba de una cámara oscura y lograba proyectar imágenes mediante una lente convexa y una fuente de iluminación, por ejemplo, una lámpara de aceite. En uno de los extremos de la lente se montaba una tira transparente con dibujos que era iluminada por la luz de la lámpara.

El zoótropo

Este aparato, también llamado *rueda de la vida,* constituye otro de los antecedentes del cine, y data de mediados del siglo XIX. El espectador debía mirar a través de los cortes dispuestos en las paredes del cilindro, de manera que cuando este giraba, se producía la ilusión de que las figuras dibujadas en secuencia se movían.

Las sombras chinas

Los antecedentes más remotos del cine pueden encontrarse en las sombras chinas y javanesas desarrolladas en la Antigüedad. Estas figuras, si bien se usaban para hacer teatro, constituyen el primer paso en relación con la imagen en movimiento proyectada mediante la luz.

¿**Cómo** llega la radio a nuestras casas?

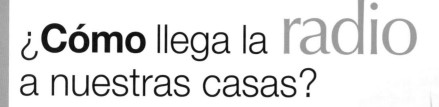

La radio, como medio de comunicación masivo, se expandió en casi todo el mundo entre 1920 y 1930. Pero este gran invento no hubiera sido posible sin los avances tecnológicos previos que permitieron codificar en forma de ondas electromagnéticas la voz humana y el sonido de los instrumentos musicales.

La antena de transmisión es una torre elevada que emite la señal por el aire, mediante ondas electromagnéticas que viajan a unos a 300 000 km/s. (186,411 mi/s)

En el estudio de radio, el locutor habla delante de un micrófono. Esta cabina está dotada de un equipo básico: una mesa, micrófonos, auriculares, altavoces y luces rojas y verdes que indican el comienzo de emisión.

Las ondas sonoras de la voz del locutor se transforman, mediante una conexión por cable, en vibraciones eléctricas que llegan a la sala de control, donde un técnico mezcla y procesa el sonido.

Un equipo transmisor modula la señal sonora, la conduce hacia la antena emisora y la transforma en ondas electromagnéticas.

La BBC de Londres

Fue la primera emisora oficial europea. En sus comienzos, en 1922, sus emisiones duraban solo media hora al día. Se transmitían noticias, partes meteorológicos, conciertos y obras de teatro en directo. En aquella época, por razones de derechos, la difusión de las noticias por radio debía realizarse después de que salieran los periódicos.

La música en la radio

Desde sus inicios, la radiodifusión ha contribuido a divulgar la música. En 1920 Guglielmo Marconi instaló en Chelmsford, Inglaterra, una emisora que difundió un fragmento de la ópera *La Bohème,* de Giacomo Puccini, interpretado por una famosa cantante de la época. Hasta finales de la Segunda Guerra Mundial, con la masificación del disco, por radio solo se escuchaban conciertos de música en vivo.

Los primeros aparatos

Cuando se expandió la radiodifusión, a comienzos del siglo XX, un gran número de personas accedió a la posibilidad de recibir noticias provenientes de todo el mundo y a escuchar música en tiempo real. En aquella época, los aparatos de radio eran mucho más grandes que los actuales, y algunos parecían verdaderos muebles.

Al sintonizar el dial en nuestro aparato de radio, su antena convierte las señales electromagnéticas recibidas en señal de audio. De esta manera escuchamos la voz del locutor que habla desde el estudio de radio. Puesto que cada emisora emite una onda con características propias, cuando sintonizamos el dial de la radio estamos eligiendo un tipo de onda entre todas las disponibles.

Los primeros experimentos

Fueron realizados por el ingeniero de origen croata Nikola Tesla y por el inventor y físico italiano Guglielmo Marconi, que se dedicaron a investigar la posibilidad de transmitir señales eléctricas sin necesidad de utilizar cables. En 1896 Marconi se trasladó a Londres y registró su primera patente de un aparato que transmitía señales por radio.

¿**Cómo** se transmiten las imágenes de televisión?

La televisión es, quizá, uno de los objetos más cotidianos del mundo actual. Por esta razón puede resultarnos extraño pensar que este aparato exista desde hace más de 100 años. En efecto, el descubrimiento de las propiedades fotoeléctricas y fotosensibles del selenio en 1873 fue el paso que permitió diseñar, a principios del siglo XX, los primeros aparatos de transmisión de imágenes a distancia.

La cámara de televisión y la de cine son muy parecidas. Pero la de televisión posee una pantalla con una superficie fotosensible a la que llega la luz y, así, transforma la imagen visual en electricidad.

Los micrófonos captan las ondas sonoras de la voz o de la música que se producen en el estudio de televisión, tal y como sucede en las emisoras de radio.

Un medio de comunicación masivo

Entre 1930 y 1940, Estados Unidos, Gran Bretaña, Alemania y Francia promovieron la televisión como un medio de comunicación masivo. Sin embargo, en aquella época las imágenes recibidas no eran de buena calidad y los aparatos de televisión resultaban extremadamente caros como para que accediera a ellos un gran público. Hacia 1950, una vez finalizada la Segunda Guerra Mundial, se lograron avances en la recepción de las imágenes y en la comercialización de los aparatos.

El transmisor de televisión convierte la luz y el sonido en ondas electromagnéticas.

Torre emisora

Cable coaxial por aire, a través de postes

Televisión

Cable coaxial por tierra

La transmisión de TV por cable

Las ondas electromagnéticas también se pueden transmitir mediante cable coaxial. El tendido de cables puede hacerse bajo tierra o por el aire, con la ayuda de postes. En Europa, el uso masivo de la televisión por cable se instaló entre 1970 y 1980.

En blanco y negro

Desde sus inicios y hasta 1970, los canales de televisión solo emitían sus programas unas pocas horas al día y las imágenes de la pantalla eran en blanco y negro.

En color

A partir de 1970 se produjo un cambio muy significativo en la tecnología de la transmisión de imágenes a distancia: apareció la televisión en color. La venta de aparatos experimentó un gran crecimiento, los canales de televisión comenzaron a transmitir muchas más horas cada día, y esto produjo, a su vez, cambios en el hábito del público televidente, e incluso la adicción a la televisión.

La torre emisora de televisión emite ondas electromagnéticas que llevan información sobre imagen y sonido por el aire.

Desde 1960, a partir del auge que tuvo la televisión en el mundo, muchos países vienen realizando experiencias en las que se utiliza la programación televisiva como un material auxiliar para el aprendizaje. Estas experiencias son particularmente eficaces en zonas que no cuentan con suficientes escuelas.

La antena de televisión de nuestras casas capta las ondas electromagnéticas y estas se conducen hacia el aparato.

El aparato de televisión convierte las ondas electromagnéticas nuevamente en ondas de luz, que se ven en la pantalla, y en ondas de sonido, que se escuchan por los altavoces.

Casi al mismo tiempo que se graba la imagen en el estudio, nosotros la vemos muy parecida en el televisor de nuestras casas.

¿**Qué** es una central
hidroeléctrica?

Cuando conectamos a la red doméstica un aparato
eléctrico, en su interior circula corriente originada por
distintas formas de energía, como la hidráulica, la solar o la eólica.
En general, la corriente eléctrica proviene de centrales
hidroeléctricas y es transportada por redes hasta nuestros hogares.

Una de las fuentes de energía
que producen electricidad
es la planta hidroeléctrica,
en cuyo embalse se almacenan
grandes cantidades de agua.

La corriente alterna

Cuando enchufamos un aparato eléctrico,
al enchufe llega corriente eléctrica. El cable posee
dos conductores; en determinado momento,
la corriente entra por un conductor y sale por el otro.
Al instante siguiente, la corriente cambia de sentido:
entra por donde antes había salido y sale
por donde había entrado. Cuando la corriente
posee la característica de cambiar el sentido
de su movimiento se denomina *corriente alterna*.

En las plantas
hidroeléctricas se
encuentran una serie de
generadores que contienen
un electroimán. El electroimán
es una columna de hierro donde
se enrollan alambres, a modo de
bobina. Los alambres
no tocan la columna.

La corriente continua

En el interior de una pila se almacena una cierta
cantidad de energía. La corriente eléctrica que
produce una pila sale por el extremo que se encuentra
marcado con el signo negativo (–) y se transmite al
extremo marcado con el signo positivo (+). Cuando
la corriente eléctrica viaja siempre en un solo sentido,
como sucede en la pila, se denomina *corriente continua*.

El funcionamiento de la lámpara

Las lámparas transforman energía eléctrica en energía luminosa y calórica. Las lámparas comunes, también llamadas de *incandescencia,* producen luz porque la corriente eléctrica llega al filamento metálico y lo calientan hasta lograr una temperatura muy elevada. La corriente eléctrica puede entrar por cualquiera de los terminales indicados con flechas en la imagen, y sale por el terminal contrario.

Los cables

Puesto que en el interior de los cables se encuentran materiales que conducen la electricidad, como filamentos de cobre o de otros metales, se recubren con un material aislante, generalmente de goma o de plástico, para no recibir una descarga eléctrica al tocarlos.

La crisis energética

La electricidad no es una fuente de energía, sino una de las formas en que se utiliza la energía. Algunas fuentes de energía, como el petróleo o el carbón, no son renovables, de modo que si se siguen utilizando a gran escala, pueden agotarse. Por esta razón, cada vez más se busca generar energía mediante fuentes renovables, como el Sol, y para eso se emplean paneles solares.

La energía que proviene de la caída del agua hace que el electroimán gire muy rápidamente dentro de la bobina. De este manera, en el alambre se produce corriente eléctrica.

La corriente eléctrica es conducida desde el generador hasta los cables.

Los cables pueden tenderse bajo tierra o en lo alto, sujetos por postes. Así se transporta la corriente eléctrica hasta los puntos de uso.

Con solo presionar un interruptor, la corriente eléctrica llega hasta el aparato que deseamos utilizar.

El Abecé Visual de
LA TIERRA

El Abecé Visual de
ANIMALES SALVAJES

El Abecé Visual de
LOS INVENTOS QUE
CAMBIARON EL MUNDO 1

El Abecé Visual de
MEDIOS DE TRANSPORTE

El Abecé Visual de
EL UNIVERSO

El Abecé Visual de
EL UNIVERSO

El Abecé Visual de
LOS INVENTOS QUE
CAMBIARON EL MUNDO 1

El Abecé Visual de
LA HISTORIA

El Abecé Visual de
PLANTAS Y FLORES

El Abecé Visual de
INSECTOS

El Abecé Visual de
PAÍSES, RELIGIONES
Y CULTURAS DEL MUNDO

El Abecé Visual de
MITOS Y LEYENDAS
UNIVERSALES

El Abecé Visual de
BOSQUES, SELVAS,
MONTAÑAS Y DESIERTOS

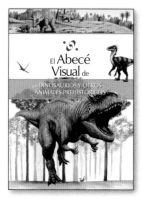

El Abecé Visual de
DINOSAURIOS Y OTROS ANIMALES PREHISTÓRICOS

El Abecé Visual de
VIAJEROS Y EXPLORADORES

El Abecé Visual de
CIUDAD POR DENTRO Y POR FUERA

El Abecé Visual de
GRANDES CONSTRUCCIONES

El Abecé Visual de
EL CUERPO HUMANO

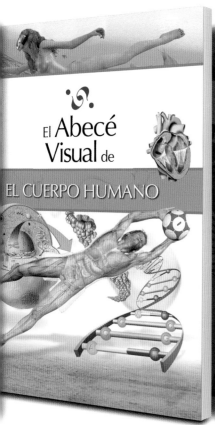

El Abecé Visual de
EL CUERPO HUMANO

El Abecé Visual de
MITOS Y LEYENDAS UNIVERSALES

«Students establish a base of knowledge across a wide range of subject matter by engaging with works of quality and substance.»

—Common Core State Standards for English Language Arts & Literacy in History/ Social Studies, Science, and Technical Subjects, p. 7

A great addition to a CCSS-oriented collection

Common-Core
Quality & Substance
www.CommonCore.SantillanaUSA.com

El Abecé Visual de
INVENTOS QUE CAMBIARON EL MUNDO 2

El Abecé Visual de
LA HISTORIA

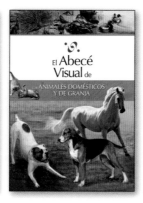

El Abecé Visual de
ANIMALES DOMÉSTICOS Y DE GRANJA

El Abecé Visual del
ARTE

El Abecé Visual de
MARES, OCÉANOS, LAGOS Y RÍOS

7/18 ② 2/17